Die
königlich sächsische Kavallerie (I)

Die Standarten

1807/11 - 1815

Jörg Titze

Beiträge zur sächsischen Militärgeschichte zwischen 1793 und 1815

Heft 39

Abb.01 Standarte der Garde du Corps (Lithografie/Heckel)

Die

königlich sächsische Kavallerie (I)

Die Standarten

1807/11 -1815

Bibliographische Information der Deutschen Bibliothek

Die Deutsche Bibliothek verzeichnet diese Publikation in der Deutschen Nationalbibliographie; detaillierte bibliographische Daten sind im Internet über http://dnb.ddb.de abrufbar.

Die Deutsche Bibliothek – CIP – Einheitsaufnahme

Jörg Titze

Die königlich sächsische Kavallerie (I): Die Standarten 1807/11 – 1815

ISBN 978-3-7431-1842-3

© 2016 Jörg Titze

Herstellung und Verlag:

BoD - Books on Demand, Norderstedt, 2016

Inhaltsverzeichnis

		Seite
1.	**Einleitung**	**7**
2.	**Quellenlage**	**11**
2.1	Originalstücke	11
2.1.1	Historisches Museum Moskau	11
2.1.2	Eremitage St. Petersburg	11
2.1.3	Deutsches Historisches Museum Berlin	11
2.1.4	Militärhistorisches Museum der Bundeswehr Dresden	11
2.2	Die Akten im Hauptstaatsarchiv Dresden	11
2.3	(als Quellen verwendbare) Literatur und Bildliche Darstellungen	12
2.3.1	Hottenroth	12
2.3.2	Heckel	12
2.3.3	Gräfe	12
2.3.4	Deutsche Fotothek	12
2.3.5	Andalenko	12
3.	**Die Standarten**	**13**
3.1	Das Aussehen	13
3.2	Stickerei, Bordüren und Banderolen	16
3.3	Die Maße	16
3.3.1	Standartenlappen	16
3.3.2	Standartenstange	18
3.3.3	Banderole	18
3.4	Chronologie der Standartenbeschaffung	18
3.5	Der Platz der Standarte in der Eskadron	38
3.6	Das Prozedere der Standartenverleihung	40
3.7	Besonderheiten	40
3.7.1	Regimenter ohne Standarten	40
3.7.2	Sonderausstattungen	42
4.	**Die Standartenverluste**	**42**
4.1	Die Standartenverluste 1812	42
4.2	Die Standartenverluste 1813-15	47

5.	**Die Standarten des Regiments Zastrow im Feldzug 1813**	**47**
6.	**Die Situation 1814 und 1815**	**48**
7.	**Die Adaptierung der Standarten M1807/11 auf M1821**	**48**
8.	**Quellen**	**49**
8.1	Literatur	49
8.2	Abbildungen	49
9.	**Anlagen**	**50**
01	Auszug aus dem Dienstreglement der Kavallerie von 1753, die Zeremonien mit den Fahnen und Standarten betreffend	
02	Bericht des Geheimen Kriegs-Rats-Collegii vom 18.04.1808	
03	Königliche Vorschrift zu den neuen Fahnen und Standarten vom 08.07.1808	
04	Befehl des Königs an die Divisions-Generals der Kavallerie und Infanterie vom 19.07.1811 zur Ausgabe der neuen Fahnen und Standarten	
05	Verpflichtungsprotokoll für das Regiment Prinz Johann zu den neuen Fahnen vom 03.08.1811	
06	Nachverpflichtung von Mannschaften der 2. Eskadron des Regiments Prinz Johann durch einen requirierten Notar am 07.12.1811	
07	Der allerhöchste Befehl an den Generalleutnant von Lecoq zur Abgabe der Standarten des Regiments Prinz Clemens Chevauxlegers an das Hauptzeughaus vom 07.03.1812	
08	Auszug aus dem Rapport des Obersten von Lessing, Kommandeur des Regiments Prinz Albrecht, an den General von Lecoq vom 03.06.1812	

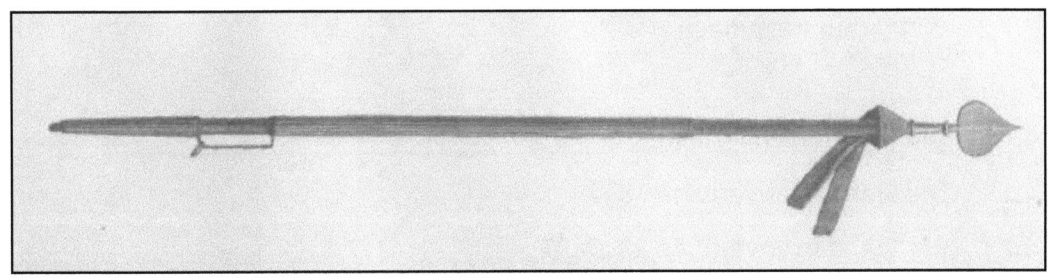

Abb. 02   Standartenstange (Lithografie, Heckel)

1. Einleitung

1812. Russland. Die Nacht zum 10. November. Die erschöpften Männer der kaum noch 40 Dienstpferde starken Brigade Thielmann ruhen, so gut dies bei dichtem Schneetreiben und − 8 °C möglich ist. In die Dunkelheit und Stille hinein ertönt plötzlich das Signal Alarm! Die steifgefrorenen Männer eilen zu ihren Pferden und die diensthabenden Estandartjunker in das Quartier des Generals, um dort die allabendlich deponierten Mantelsäcke mit den wegen der Schwäche der Brigade abgenagelten 3 Standarten je Regiment zu holen und vor sich auf Pferd zu binden. Der Estandartjunker Dittmar vom Regiment Zastrow-Kürassiere ergreift in der Dunkelheit und Hektik nicht den Mantelsack seines Regiments sondern den der Garde du Corps. Die Brigade formiert sich und wirft den Angreifer zurück, doch im Gedränge wird dem Estandartjunker Dittmar der Mantelsack mit den Garde du Corps-Standarten vom Pferd gerissen. Trotz der baldigst einsetzenden Suche bleibt der Mantelsack verschollen.

2015. Russland. Der erste Tag im Dezember. Der Schnee liegt spärlich bei Temperaturen knapp unter 0 °C. Alex und ich stehen – mit Freund Timofej – im Depot des Staatlichen Historischen Museums in Moskau und sind nach 203 Jahren und einigen Tagen die ersten Sachsen, die die vor uns liegende Standarte der Garde du Corps wiedersehen. Etwas später sehen wir auch die zweite – in der sehr sehenswerten Dauerausstellung zu 1812 liegende – Standarte der Garde du Corps.

2016. Russland. Diesmal der 10. November. Es liegen 20 cm Neuschnee bei − 6 °C und es schneit weiter. In einem der Depots der Eremitage in St. Petersburg hat nach 204 Jahren endlich wieder ein Sachse eines der letzten Puzzleteile in seinen Händen – eine Standartenstange.

Die Vermessung und fotografische Aufnahme dieser beiden Standarten und der Standartenstange hat die Einordnung der von Hottenroth und Heckel gemachten Detail-Angaben erleichtert, teilweise erst ermöglicht und teilweise widerlegt. Weiterhin hat das Auffinden der Arbeit des Geheimen Sekretärs Brandt – die als die Hauptquelle der Hottenroth'schen Ausführungen für die betreffende Zeit anzusehen ist – eine Reihe weiterer Details beigesteuert.

Leider existieren – zumindest nach heutigem Kenntnisstand – keine Standarten (bzw. bildliche Darstellung der Originale) für die Regimenter Leib-Kürassier-Garde und Polenz Chevauxlegers sowie– zwar bis 1917 in der Kasaner Kathedrale befindlichen, aber heute verschollenen Standarte – der Zastrow-Kürassiere. Zwar lassen sich diese Standarten aufgrund des bekannten allgemeinen Aussehens und der bei Hottenroth abgebildeten Bordüren rekonstruieren, allein das Aussehen der Eckschilder wird solange ein Rätsel bleiben, bis die Original-Standarten und/oder die genehmigten Entwürfe aufgefunden werden.

In Russland könnte die Standarte der Zastrower noch existent sein, für Polenz und die Kürassier-Garde gibt es keine Hinweise, wo mit einer Suche angesetzt werden könnte. Aber wer weiß schon, welche Zufälle uns in nächster Zeit noch begegnen.

Dieses Heft wäre ohne die Mithilfe eines besonderen Menschen und Freundes so nicht entstanden – Alexander Steinbrecher. Alex – oder Sascha, wie ihn seine russischen Freunde nennen - allein gebührt der Ruhm, die Standarten der Garde du Corps in Moskau aufgefunden und mit seinen russischen Wurzeln und seiner Eloquenz den Zugang zum Depot ermöglicht zu haben. Weiterhin ist es ihm gelungen, bis in die Führungsetage der Eremitage vorzudringen und den Chef-Heraldiker Russlands, Direktor der Eremitage und Herr über die Fahnendepots, zu überzeugen, uns Zutritt zu seinem Reich zu gewähren. Meine Hochachtung!

Selbstverständlich ist auch der russischen Seite zu gebührend zu danken, wäre doch ohne deren bereitwillige Mithilfe und Unterstützung alle Mühe vergebens.

Mein Dank gilt Herrn Georgi V. Vilinbachov (Stellv. Generaldirektor) und Herrn Vadim G. Vilinbachov (Wissensch. Mitarbeiter) von der Eremitage, St. Petersburg. Herr Georgi V. Vilinbahov hat unser Ansinnen gefördert und sich trotz seines vollen Terminkalenders Zeit für ein persönliches Gespräch genommen. Mit Herrn Vadim G. Vilinbahov konnten wir nicht nur die Standartenstange vermessen sondern auch ein fachlich sehr interessantes Gespräch führen.

Weiterhin danken möchte ich Timofej J. Pesatschenko (Leitender Mitarbeiter Abteilung Stoffe und Kostüm, Staatl. Historisches Museum Moskau). Freund Timofej hat uns die Möglichkeit des Depotzutrittes sowie der Inaugenscheinnahme und Vermessung der einen Standarte bereitwillig ermöglicht.

Mein Dank gilt auch Frau T.G.Igumnova, Stellv.Generaldirektorin des Staatlichen Historischen Museums für die Duldung und Förderung unseres Tuns sowie das uns gewährte überaus freundliche und scharfen Realitätssinn zeigende Gespräch.

Aufmerksam machen möchte ich an dieser Stelle, auf die Herzlichkeit der Aufnahme , die bereitwillige Unterstützung unserer Ansinnen und die Offenheit in den Gesprächen, die wir in Russland erfahren haben. Natürlich ist die russische Seele anders als die deutsche. Aber um diese zu verstehen, muss man mit den Leuten reden und sich auf sie einlassen. Wer die Welt als bunt propagiert, im Bezug auf Russland aber schwarz/weiß denkt und Ressentiments schürt, entlarvt hierbei nur seine eigene Menschenverachtung.

Эта публикация не была бы возможна без помощи особенного человека : моего друга Александра Штайнбрехера. Александр первым из нас увидел в Москве штандарт полка «гарде ду корпс» и смог договориться, чтобы нас пустили в запасники Государственного Исторического Музея. Но он и находил контакты в Государственный Ермитаж в Санкт Петербурге, где благодаря дипломатичности и убедительности Александра нас и пустили в запасники отдела «Арсенал». Связанно с этим я хочу особо благодарит

Георгий В. Вилинбахого, Государственный Геролдмейстер Российской Федерации и заместитель генерального директора Государственного Ермитажа. Он не только доброжелательно относился к нашей работе но и находил время с нами вести очень интересную беседу. Вадим Г. Вилинбахов нам показал нас интересующие предметы и помогал в их подробной документаций.

Но и другой человек нам с самого начала работы в Россий очен помогал и стал нам другом : Тимофей Е. Песаченко, главный хранитель в Государственном Историческом Музей . Он давал нам возможность осмотреть и задокументировать второй образец этого штандарта.

Особую благодарность хочу выразить Тамаре Григорьевне Игумновой, заместителю Генерального Директора Государственого Исторического Музея в Москве, за доброжелательное отношение к нашим просьбам и разрешение заниматься этой работой в запасниках музея.

Особо хочу отметить дружественный приём в России, оказанную нам поддержку и абсолютную открытость наших русских партнёров. Сегодня многие у нас, в Германии, говорят о многокрасочном, интернациональном мире, но о России почему-то пишут исключительно в черно-белых тонах, показывая тем самым двойные стандарты. Да, русская душа отличается от немецкой, но чтобы ее понять, нужно чаще общаться друг с другом, чаще бывать в России.

Mein Dank besonderer Dank gilt wiederum den Damen und Herren des Hauptstaats-Archivs Dresden für die bewährte Unterstützung.

Natürlich möchte ich mich auch bei Ihnen, verehrte Leser, dafür bedanken, dass Sie sich zum Kauf dieses Buches entschlossen haben. Insofern Sie Anregungen und Kritiken haben oder mir einfach nur mitteilen wollen, wie Ihnen das Buch gefallen hat, so können Sie mich via email unter sachsen-titze@t-online.de erreichen.

Ihr   Jörg Titze

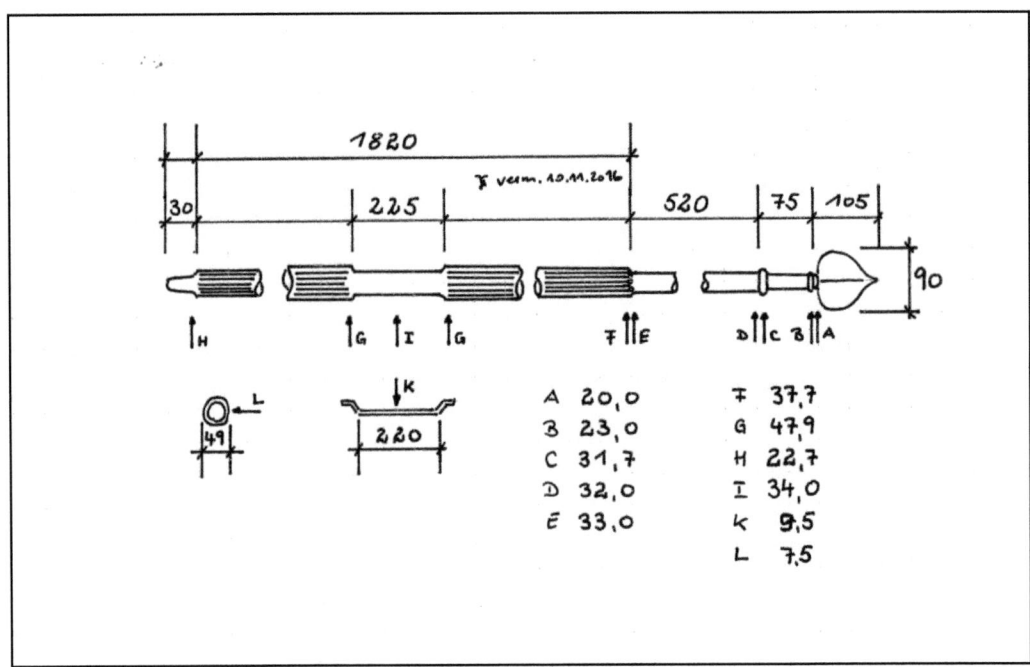

Abb. 03   Messprotokoll Standartenstange (Eremitage St. Petersburg, 10.11.2016; alle Angaben in mm; die Buchstaben bezeichnen Durchmesser)

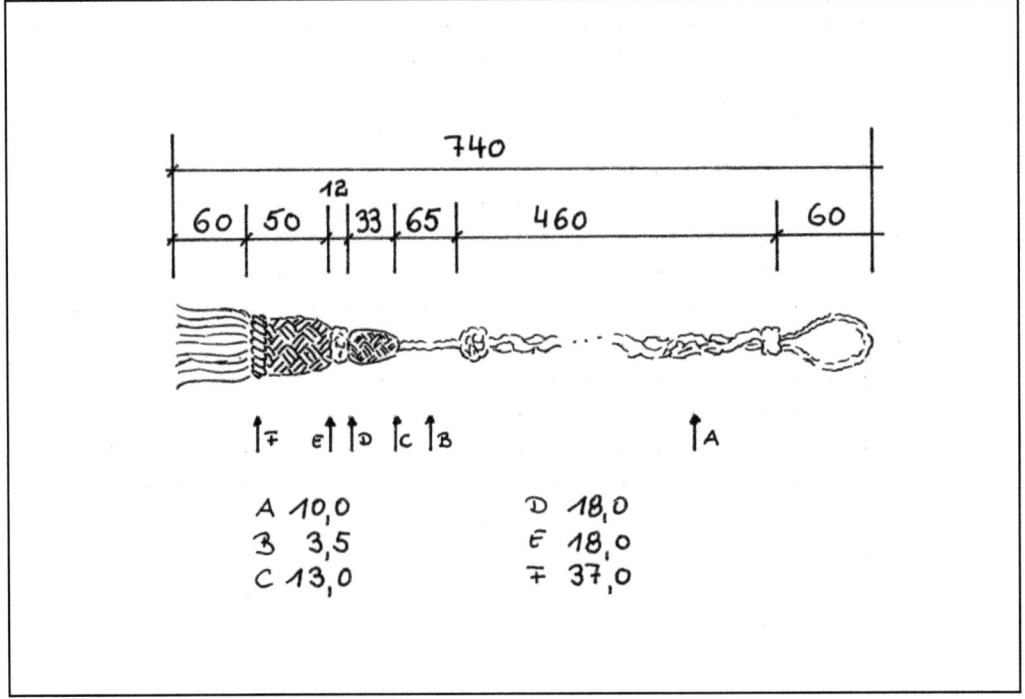

Abb. 04   Messprotokoll Banderole Garde du Corps (Staatl. Historisches Museum Moskau, 16.02.2016; alle Angaben in mm; die Buchstaben bezeichnen Durchmesser)

2. Die Quellenlage

2.1 Originalstücke

2.1.1 Historisches Museum Moskau

Im Moskauer Museum befinden sich:

2 abgenagelte Standarten der Garde du Corps

1 Banderole (geflochtene Schnur mit 2 Quasten) der Garde du Corps

Eine der Standarten sowie die Banderole konnten im Depot des Museums vom Autor besichtigt und vermessen werden, beide Standarten wurden fotografiert.

2.1.2 Eremitage St. Petersburg

In der Eremitage befindet sich eine Standartenstange. Diese konnte in einem Depot vom Autor besichtigt, vermessen und fotografiert werden.

2.1.3 Deutsches Historisches Museum Berlin

Im DHM scheinen sich[1] (zumindest bis Anfang der 1990er Jahre) befunden zu haben:

1 Standarte der Carabinier-Garde (Fahnentuch)

1 Eskadrons-Standarte des Regiments Prinz Albrecht (Fahnentuch)

2.1.4 Militärhistorisches Museum der Bundeswehr in Dresden

Nach Aussage des Museums gibt es in den Beständen keine Standarten M 1807.

2.2 Die Akten im HStA Dresden

Im Bestand des Hauptstaatsarchivs befinden sich an Akten, die sich direkt mit den Standarten M1807 beschäftigen, folgende:

<u>Bestand 11 248</u>   sächsisches Kriegsministerium
No. 4443   Beschaffung und Verbleib von Fahnen … 1752 – 1828
Diese 1896 vom Sekretär Brandt gefertigte Akte, enthält die Zusammenfassung relevanter Befehle und ist zum Großteil von Hottenroth verarbeitet worden.

<u>Bestand 10 026</u>   Geheimes Kabinett
Loc 1209/1   Die innere Wirtschaft der Armee de 1808 usq 1813
Die Akte gibt einige vom Sekretär Brandt angeführte Befehle im Original.

<u>Bestand 11 289</u>   Generalintendantur
No. 135   Rapport über Verpflegung/ Auflösung der Regimenter

---

[1] Die mir vorliegenden und im Heft gezeigten Fotos wurden von Mitarbeitern anderer Museen als wohl im Depot des DHM aufgenommen verortet. Allerdings lassen sich die Stücke in der Objektdatenbank weder durch externe noch interne Suche auffinden. Insofern die Stücke wirklich im DHM lagerten, hätten diese im Jahre 1993 an das MHM Dresden abgegeben werden müssen.

Die Akte gibt Auskunft u.a. über den Verbleib der Equipagen Ende 1812.

<u>Bestand 11 328</u>   <u>Kriegsgerichte der Kavallerie-Formationen</u>
Akte 0643   Protokoll über die Verpflichtung des Regiments (Johann) zu den neuen Fahnen 1811

Diese Akte gibt Details über die Verpflichtung zu den Fahnen nebst detaillierten Namenslisten der Verpflichteten. Einzelheiten zu den Fahnen gibt diese Akte nicht.

<u>Bestand 11 339</u>   <u>Generalstab</u>
Akten 116/7 +119/20 Allerhöchste Befehle 1811/12

<u>Bestand 11 341</u>   <u>Kavallerieformationen</u>
Akte 288   4 Meldungen des Obersten Lessing (Regiment Albrecht)

Diese Akten geben Details zu Aus-, Rück- und Abgaben von Standarten.

2.3   (als Quellen verwendbare) Literatur und bildliche Darstellungen

2.3.1   Hottenroth

Das Standardwerk zu den sächsischen Feldzeichen. Die Stärke des Werkes liegt in der Beschreibung der Feldzeichen. Forschungen zum Verbleib der Feldzeichen vor, während und nach Feldzügen hatten dabei geringere Prioritäten.

Hottenroth zeigt in Tafelteil seines Werkes die Zeichnung einer Standarte des Regiments Carabinier-Garde im Maßstab 1:10. Die Zeichnung entspricht nicht vollkommen dem Original.

2.3.2   Heckel

Das Werk beschreibt ausführlich aber unvollständig die Fahnenbeute im Feldzug 1812 und gibt (mehr oder weniger gute) Lithografien zu den Beutestücken.

2.3.3   Gräfe

Es werden Vorder- und Rückseite folgender Standarten gezeigt (S.58-60):

Carabinier-Garde, Prinz Albrecht (Eskadron) und Polenz (Leib) M 1807

Garde-Reiter, Clemens-Ulanen, Johann-Husaren M 1821

2.3.4   Deutsche Fotothek

In der Deutschen Fotothek befinden sich 4 Möbius-Fotos von 1933:

Garde-Reiter, Clemens-Ulanen, Johann-Husaren M 1821

2.3.5   Andalenko

Das Werk gibt zu den russischen Berichten wertvolle Hinweise, der Rest ist eher irreführend.

3. Die Standarten

3.1 Das Aussehen

Jedes Kavallerie-Regiment – mit Ausnahme der Husaren – führte 4 Standarten, also eine Standarte pro Eskadron. Die Husaren führten keine Standarten.

Das **Standartentuch** war nach Hottenroth 1 Elle 6 Zoll im Quadrat (rund 0,71m^2) groß[3], nach Heckel 0,64m hoch und 0,52m[4] ohne Stangenumschlag breit, nach kgl. Vorschrift 1 Elle 2 Zoll (61,4 cm) hoch und 1 Zoll (56,6 cm) ohne Stangenumschlag breit sein. Die Angaben jeweils ohne Fransen.

Auf der **Vorderseite** (Tuch rechts, Stange links) befand sich das sächsische Wappen (5 goldene und 5 schwarze Querbalken mit dem grünen Rautenkranz). Über dem Wappen befand sich eine Krone. Das Wappen selbst war entweder auf einem Hermelinmantel aufgebracht (Garde du Corps, Karabinier-Garde und Leib-Kürassier-Garde) oder aber von Lorbeer- (links) und Palmenzweigen (rechts) eingerahmt. Unter dem Wappen befanden sich an grünem Bande der Orden der Rautenkrone und unter diesem das Ordenskreuz des Militär-St.-Heinrichs-Ordens am hellblau-gelben Bande.

Auf der **Rückseite** (Tuch links, Stange rechts) befand sich der gekrönte goldene Namenszug FAR, der auf beiden Seiten von Lorbeerzweigen eingerahmt war.

Zur Unterscheidung der Regimenter war der Rand der Fahnentücher mit einer so genannten **Bordüre** (bestickte und mit Metallfaden umsäumte Seidenstreifen[5]) versehen. Die Seidenstreifen waren bei allen Regimenter von weißer Farbe. In den Ecken der Bordüren befanden sich quadratische Schilder, die mit – von Regiment zu Regiment verschiedenen – Ornamenten versehen waren. Alle Standartentücher waren mit 4 cm (Heckel) [6] langen **Fransen** versehen.

Alle Standarten hatten den gleichen Grundaufbau. Die innen liegenden Felder für Wappen und Namenszug waren von der Bordüre umgeben. In den Bordürenecken befanden sind quadratische Eckfelder mit von der Bordüre abweichenden Ornamenten.

Die schokoladenbraunen **Standartenstangen** hatten die Form einer Lanze. Sie verfügten über einen eingearbeiteten Handgriff und 12 lange Kannelierungen[7].

---

[2] Die sächsische Elle mit 56,6375 cm und der Zoll mit 2,3599 cm.
[3] Hottenroth scheint die Größe der gelieferten Seiden-Lappen vor jedweder Bearbeitung angegeben zu haben, da die an den Originalstandarten abgenommenen Maße eindeutig die Heckelschen Maße bestätigen.
[4] An der Garde du Corps Standarte (Depot Moskau) wurde eine Höhe von 0,61 cm und eine Breite von 0,51 cm (dieses Maß allerdings – wegen fehlender Stange – nur bis zur Außenkante Bordüre gemessen)
[5] An den Standarten der Grade du Corps hat sich ein solcher Seidenstreifen als Träger der Stickerei nicht feststellen lassen. Evtl. wurde er bei den weißen Standarten weggelassen.
[6] Die Fransen der GdC-Standarte (Depot Moskau) sind 5 cm lang.
[7] Hottenroth gibt nur 6. Diese Kanäle waren mit dünnem Messingblech ausgelegt. (sh. Abb. 42)

An der Stange befanden sich eine 2 Zoll (5,1 cm) lange Klammer[8] und ein 50 cm langer Riemen, letzterer mit Tuch in der Doblürenfarbe des jeweiligen Regiments umhüllt. Die Stange war mit Spitze 2,68 m lang[9].

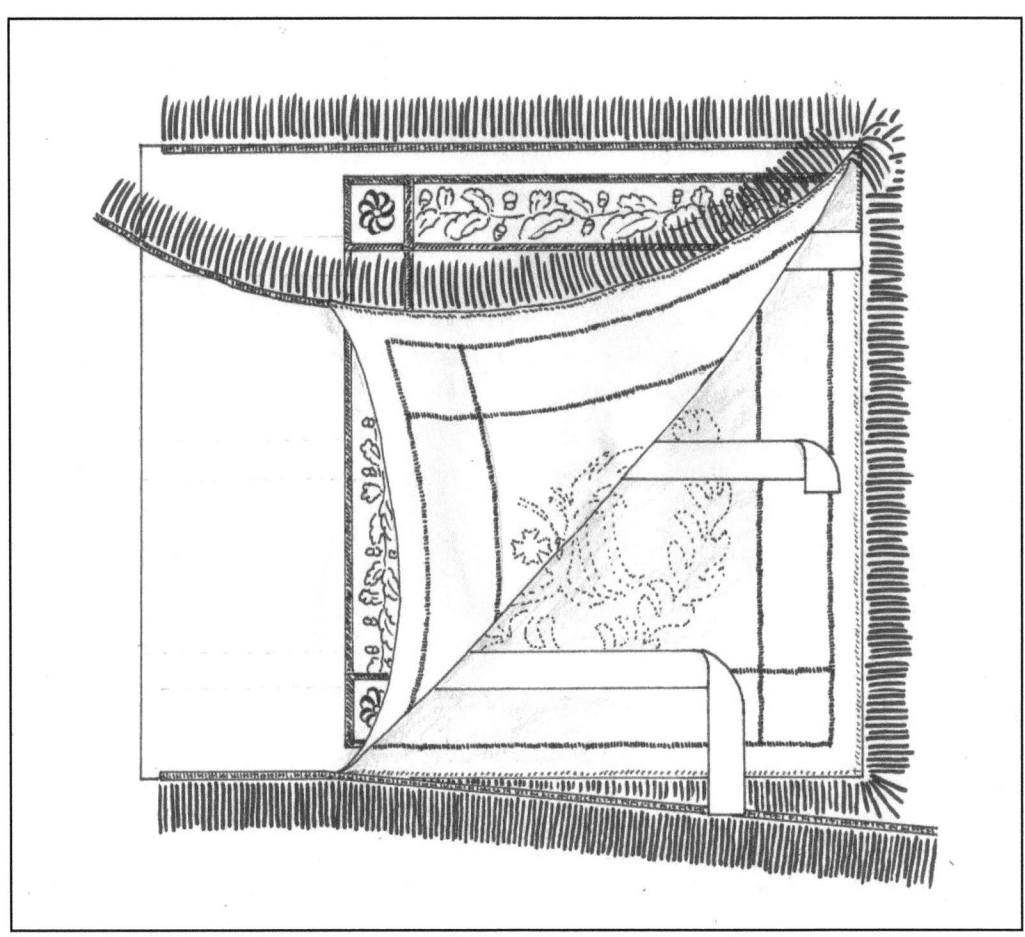

Abb. 05 Grundsätzlicher Aufbau eines Standartentuches: Es besteht aus zwei doppelten Seidenlappen, auf denen äußerlich die Stickerei angebracht ist. Zwischen den beiden Doppellappen befinden sich 3 Stoffstreifen, die ein Ausreißen der Seide verhindern sollen. Die Fransen sind beidseitig von außen auf die Kanten aufgenäht.

Um die Standartenstange war oben eine **Banderole**[10] (zwei Kordeln mit je einer Troddel) geschlungen sowie ein 1 Ellen langer, mittels einer gleichfarbigen Bandschleife hälftig befestigter **Taffetstreifen**[11] zur Unterscheidung der Eskadrons.

---

[8] Die Originalstange verfügt über zwei Klammerhalter (Abb. 45 und 46), die mittig ca. 59 cm auseinanderstehen. Der untere Klammerhalter befindet sich 12 cm über dem Handgriff.

[9] Die Originalstange misst 2,525 m ohne Schuh. Einkürzungen waren nicht zu erkennen, können aber an der Spitze erfolgt sein. Dies würde aber erklären, warum der für die Befestigung des Standartenlappens vorgesehene Teil nur 52 cm statt 61 cm lang ist.

[10] Sh. Abb. 04 und 14

[11] Die Taffetstreifen waren in den Farben weiß, rot, blau und gelb. Lt. Eremitage sollen der an der Originalstange angenagelte Stoffrest Teil einer Standarte sein. Es deuten Stoffstruktur und Breite (ca 14 cm = ¼ Elle) für, die Länge (2x ca. 40 cm = 1,5 Ellen) gegen den Taffetstreifen. (sh. Abb. 48)

Abb. 06   Garde du Corps 1 / Avers

Abb. 07   Garde du Corps 1 / Detail Avers, Stangenseite oben

An die **Stange** war das Standartentuch mit 4 Reihen vergoldeten Nägel angeschlagen. Alle – untereinander nicht versetzten – Nagelreihen[12] waren mit Gurtband unterlegt, um ein Ausreißen des Seidenstoffes zu verhindern. Die Stange endete oben in einer vergoldeten herzförmigen flachen **Spitze**. Diese war 18cm lang (11,4 cm Spitze; 6,6 cm Endstück), 8,5 cm breit (lt. Heckel) und hatte Federn[13] (lt. Hottenroth). Der Fahnenstange endete unten in einem 5 cm langen eisernen **Fahnenschuh**.

Die Standartenriemen waren mit Tuch von der Doblüre des Regiments bezogen.

3.2 Stickerei, Bordüren und Banderolen

Die **Stickerei** war bei allen Standarten golden.

Die Stickerei der Bordüren war beim Regiment Garde du Corps golden, bei den anderen Regimentern in Seide ausgeführt:

Leib-Kürassier-Garde	karmesin schattiert
Carabinier-Garde	ponceaurot und grün
Kochtitzky/Zastrow	gelb schattiert
Prinz Clemens	grünschattiert mit violetten Pünktchen zwischen blattähnlichen Ornamenten
Polenz	hellblau schattiert mit Altgold
Prinz Johann	schwarz und grün
Prinz Albrecht	grüne Eichenblätter mit braunen Ästen und Eicheln

Die **Fransen** und **Banderolen** waren bei der Garde du Corps blau-gold (Seide/Metall), bei allen übrigen Regimentern karmesinrot-weiß (Seide/Seide).

3.3 Die Maße

3.3.1 Standartenlappen

Es war mir die Möglichkeit gegeben, im Depot des Staatl. Historischen Museums in Moskau eine abgenagelte Standarte[14] der Garde du Corps zu vermessen. Die Abnahme der Maße erfolgte mittels Zollstock, Bandmaß und Meßschieber.

Die in den Maßblätter aufgeführten Angaben beziehen sich daher nur auf die genannte Standarte. Alle Angaben sind in mm. Als Grundlage dient die im

---

[12] Die Nagellöcher in den abgenagelten Tüchern der Garde du Corps in Moskau sowie des Tuches von Albrecht in ? lassen keinen anderen Schluss zu.

[13] Die Spitze an der Originalstange ist 18 cm lang (10,5 cm Spitze; 7,5 cm Hülse) sowie 9 cm breit und hat keine Federn. Spuren entfernter Federn waren nicht erkennbar. Da auch an den Tüchern die Nagellöcher für die Federn nicht erkennbar sind, scheint die Angabe nicht richtig zu sein. Der Abstand der Nagellöcher beträgt an der Stange 16-18 mm, bei den Tüchern 38-42 mm.

[14] Im Text und den Bildunterschriften als Garde du Corps 1 bezeichnet.

Abb. 08   Garde du Corps 1 / Revers

Abb 09/10   Garde du Corps 1 / Revers / Bordüre links und rechts oben.

Hottenroth abgebildete Standarte der Gardereiter M1807/21 (ehemalige Standarte der Karabiniers). Das vermessene Standartenblatt ist mit einem wabenförmigen Stützgewebe unterlegt und auf dieses aufgeklebt worden.

3.3.2 Standartenstange

Auch hier hatte ich die Möglichkeit eine Originalstandartenstange in der Eremitage in St. Petersburg zu vermessen. Die Abnahme der Maße erfolgte mittels Zollstock, Bandmaß und Meßschieber (Messprotokoll sh. Abb. 03).

Die vermessene Stange ähnelt in auffallender Weise der bereits 1908 bei Heckel abgebildeten Stange (fehlender Fahnenschuh und angehefteter Tuchstreifen). Allerdings wurde die Stange nach 1908 wohl bearbeitet (von 610 auf 525 mm eingekürzter Standartentuchschaft und Abstand Nagellöcher mit 16-18 mm viel enger als die 38-42 mm bei den Standartentüchern).

3.3.3 Banderole

Die Banderole wurde im Staatl. Historischen Museum in Moskau vermessen (Messprotokoll sh. Abb. 04).

3.4 Chronologie der Standarten-Herstellung

Am **04.11.1807** ergeht die Allerhöchste Verfügung an das Geheime Kriegs-Rats-Kollegio, dass die Regimenter mit neuen Standarten versehen werden sollen. Es sollen Vorschläge, Zeichnungen und Kostenauswürfe eingereicht werden.

Der Geheime Kriegsrat von Watzdorf fragt am **27.11.1807** bei Dufour in Leipzig an, ob zu den Standarten, welche zeither von Damast und nach der Farbe der Doblüre der Regimenter eingerichtet gewesen, wiederum Damast in entsprechenden Farben erlangbar ist und falls nicht, ob sich unappretierter Gros de tour eignet.

Am **01.12.1807** bittet Dufour (Gebrüder & Komp.) um Übersendung der Damastfarben und erklärt, dass sich Damast besser als Gros de tour zu Standarten eignet. Watzdorf übersendet am **03.12.1807** die Übersicht mit den ungefähr benötigten Damasten und am **08.12.1807** teilt Dufour mit, dass die Damastproben in Lyon bestellt sind.

Dufour Gebr. & Komp. übersenden am **02.01.1808** die Damastproben des Kaufmanns Redlich.

Am **22.02.1808** fordert das Kriegs-Kommissariat die verehelichte Steuer-Archivarin Voigt auf, Stickerei-Preise für die Standarten zu benennen. Diese werden von ihr – mit Moiré- und Fransen-Proben – am **03.03.1808** vorgelegt.

Abb. 11 Garde du Corps 1 / Detail Wappen mit Krone und Hermelinmantel

Abb. 12 Banderole Garde du Corps

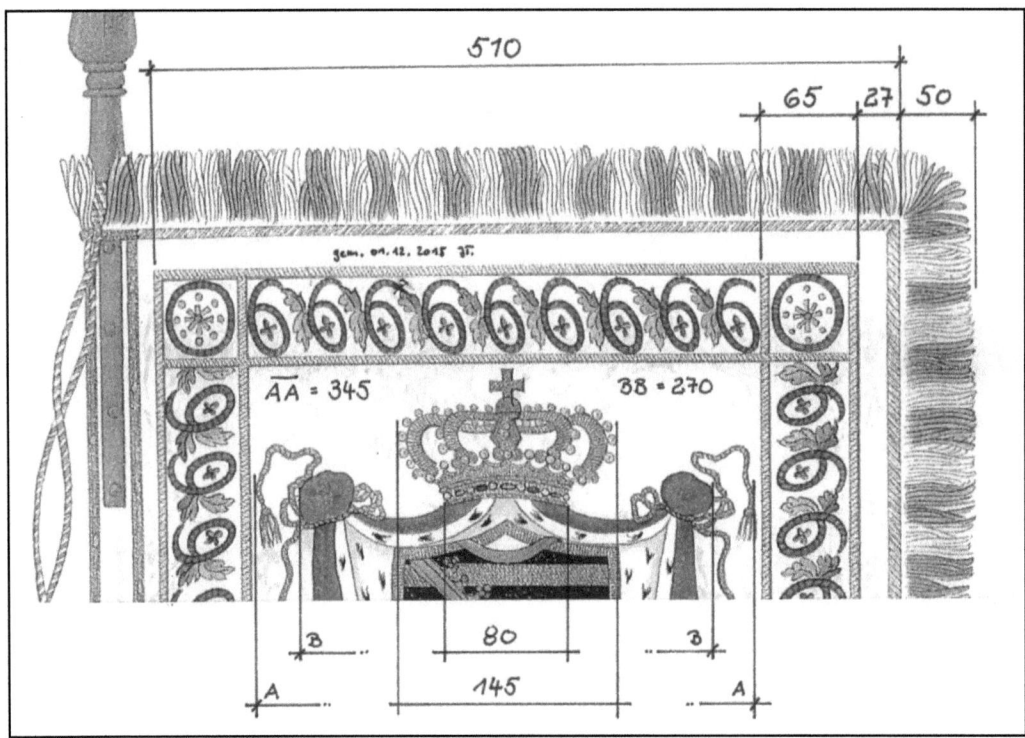

Abb. 13   Messblatt 1 Vorderseite

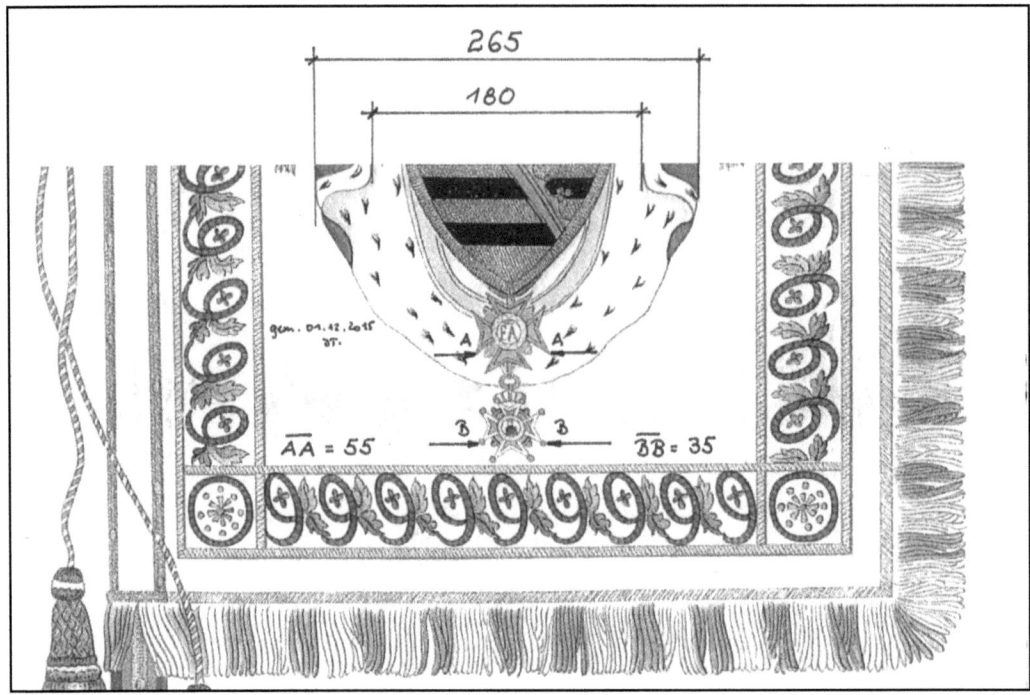

Abb. 14   Messblatt 2 Vorderseite

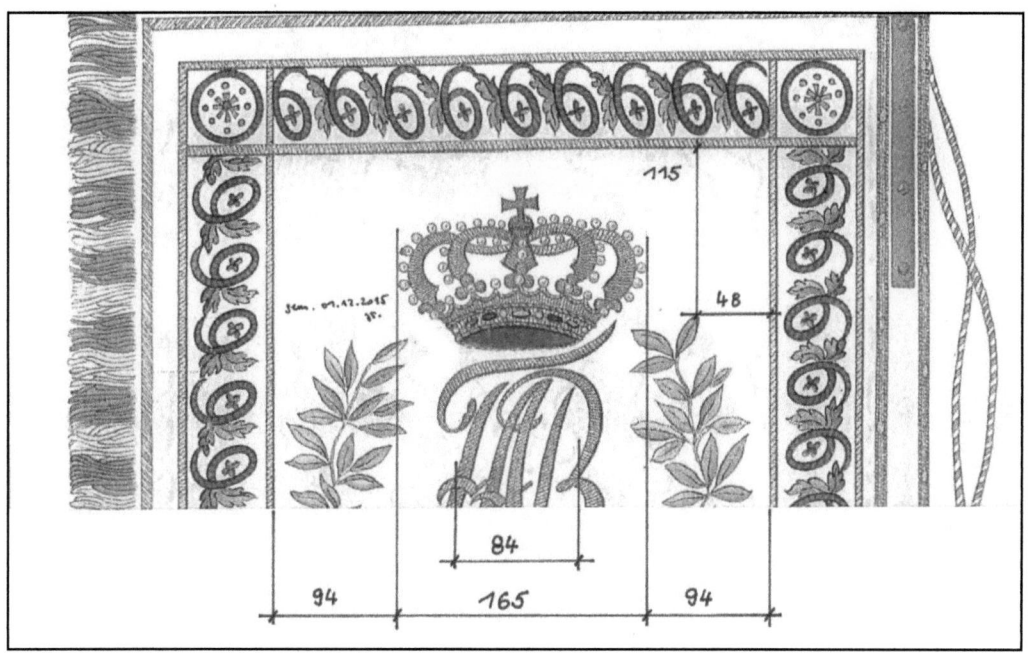

Abb. 15   Messblatt 1 Rückseite

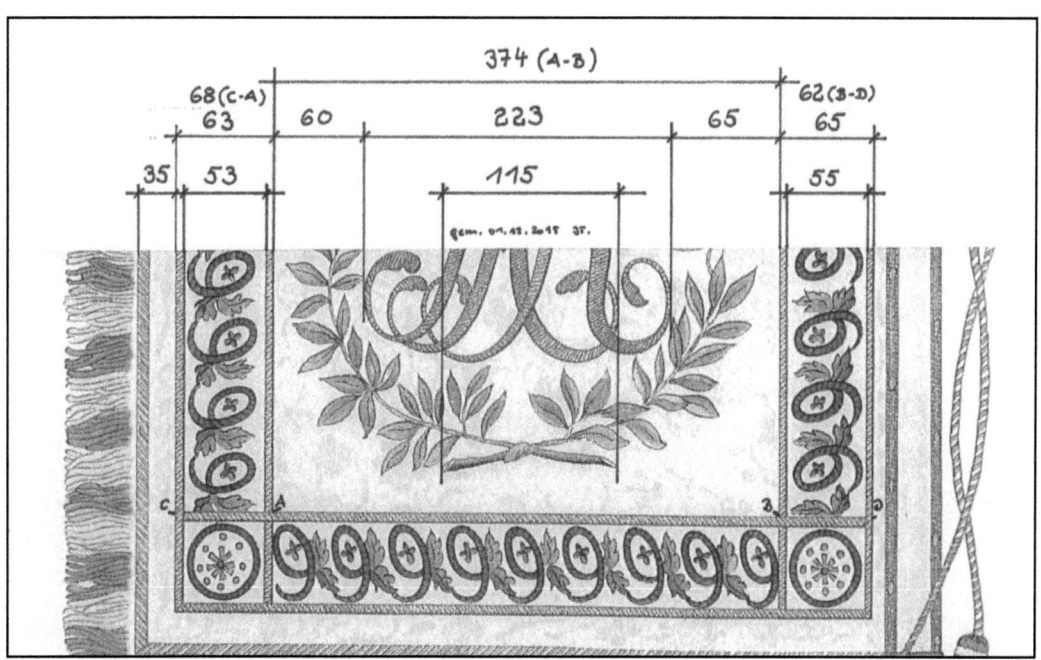

Abb. 16   Messblatt 2 Rückseite

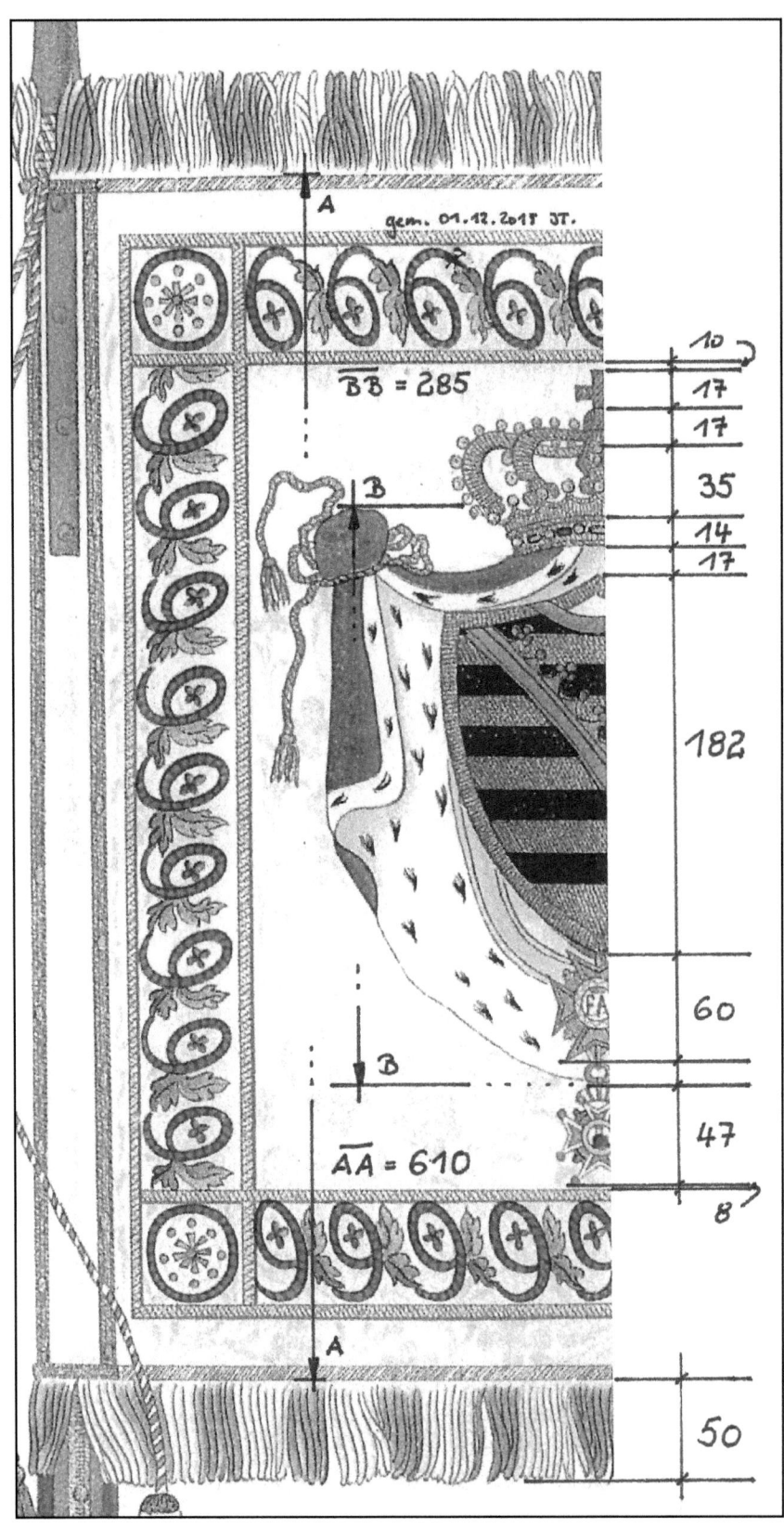

Abb. 17 Messblatt 3 Vorderseite

Abb. 18   Messblatt 3 Rückseite

Das Kriegs-Kommissariat fordert die verehelichte Theatermalerin Dorothee Friederike Winklerin am **25.02.1808** zur Abgabe der Stickerei-Preise für die Standarten auf, die diese am **01.03.1808** einreicht.

Am **04.03.1808** reicht die Winklerin weitere Stickereipreise sowie Fransenproben ein und äußerst sich über den Damast.

Gleichfalls am **04.03.1808** wird der Generalmajor und Ober-Zeugmeister Winzler vom Geheimen Kriegs-Rats-Kollegio beauftragt, eine Kostenberechnung für eine gemalte Standartenstange mit gedrechselter und vergoldeter Spitze, eisernem Schuh und inkl. Anschlagen pp., Schnuren mit Quasten, Estandarten-Riemen und Futteral einzureichen. Die Kostenberechnung wird am **11.03.1808** eingereicht.

Auch am **04.03.1808** werden die Kaufleute Redlich und Sahr vom Kriegs-Kommissariat zur Abgabe von Preisangeboten sowie Damastproben zu den Standarten aufgefordert.

Das Geheime Kriegs-Rats-Kollegium ersucht den General der Kavallerie und Chef der Grade du Corps von Zezschwitz sowie den Generalmajor und General-Inspekteur der Kavallerie von Zastrow am **06.03.1808** um Meinungsäußerung über die Ausführung der neuen Standarten. Das Rekommunikat des Generalmajors von Zastrow erfolgt am 15.03.1808, dass des Generals von Zezschwitz am 13.04.1808.

Der Generalmajor und Ober-Zeugmeister Winzler wird vom Geheimen Kriegs-Rats-Kolleguim am **16.03.1808** beauftragt zu erwägen, inwiefern die Estandarten-Stange leichter und in infolgedessen billiger als bisher angesetzt werden kann.

Am **17.03.1808** reicht die Firma Gottl. Benjamin Sahr & Sohn Damastproben mit Preisangaben ein.

Die verehelichte Steuer-Archivarin Voigt reicht am **18.03.1808** 9 Proben zu Estandarten-Bordüren ein und empfiehlt die Verwendung von Gros du tour an Stelle des in Aussicht gestellten Damastes.

Am **21.03.1808** teilt der Generalmajor Winzler mit, dass durch die Verwendung schwächerer Standartenstangen 3 – 4 Pfund (1,4 – 1,9 kg) am Gewicht und rund 10 Groschen am Preis eingespart werden können.

Der Assistent Carl August Milhauser bittet am **28.03.1808** um Erstattung seiner Rechnung für 4 Blatt bunter Zeichnungen zu den neuen Estandarten in Höhe von 50 Talern. Die Rechnung wird am 20.04.1808 mit 30 Talern beglichen.

Am **18.04.1808** erfolgt ein Bericht des Geheimen Kriegs-Rats-Kollegiums an Sr. Majestät den König (zum Geheimen Kabinett) unter Überreichung von

Abb. 19   Garde du Corps 1 / Detail Namenszug

Abb 20   Garde du Corps 1 / Detail Fransen

Vorschlägen, Kostenauswürfen und Zeichnungen zu den neuen Feldzeichen der Garden und Feld-Regimenter. An Zeichnungen[15] waren beigefügt:

A Estandarte der Garde du Corps – Vorder- und Rückseite des Tuches[16]

B Estandarte der Prinz Johann Chevauxlegers – Namenszug-Seite

C Bordüre der Polenz Chevauxlegers

D Bordüre der Prinz Albrecht Chevauxlegers

E Bordüre der Prinz Clemens Chevauxlegers

F Bordüre der Karabiniers

G Bordüre der Leib-Kürassier-Garde

H Bordüre der Kochtitzki-Kürassiere und der Husaren

J Bordüre der Prinz Johann Chevauxlegers

K Bordüre der Polenz Chvauxlegers

L Bordüre der Leib-Kürassier-Garde

M Bordüre der Garde du Korps

N Bordüre der Prinz Clemens Chevauxlegers

O Bordüre der Karabiniers

P Bordüre der Kochtitzki-Kürassiere

Q Bordüre der Prinz Albrecht Chevauxlegers und Husaren

R eine Namenszugseite zur Estandarte

S eine Namenszugseite zur Estandarte

Weiterhin waren 9 Stickerei-Proben zu Bordüren der Estandarten beigefügt. Diese bestanden teils aus Bändchen mit Schnüren-Einfassung, teils nur aus Stickerei.

Die Stickerin Voigt teilt am **13.05.1808** Preise von Gros du tour mit.

Pro Memoria über die Anfertigung der neuen Fahnen und Standarten vom **13.05.18108**. Da nach allen eingezogenen Nachrichten die Husaren bei anderen Armeen keine Estandarten führen, so fallen diese auch hier weg.

Am **17.05.1808** ergeht ein Auftrag an die Stickerin Voigt zur Besorgung verschiedener Zeichnungen und Probe-Stickereien.

Anweisung an den General-Kriegs-Zahlamts Kopisten Kindt vom **20.05.1808**, der Stickerin Voigt zur Fertigung einiger Proben einen Vorschuss von 20 Talern gegen Quittung zu zahlen.

Die Stickerin Voigt überreicht am **13.06.1808** Proben, die teils in Seide, teils in Bändchen ausgeführt sind.

---

[15] Diese Zeichnungen haben keine vollständig Annahme gefunden.
[16] Das auf dieser Zeichnung dargestellte Wappen hat zu den Estandarten der Kochtitzki-Kürassiere und der Chevauxlegers Regimenter Verwendung gefunden

Abb. 21/22   Garde du Corps 1 / Details Orden und Hermelinmantel

Abb 23   Garde du Corps 1 / Details Avers unterer Bereich

Am **14.06.1808** überreicht das Geheime Kriegs-Rats-Kollegium dem König Proben zu den gestickten bzw. aufgenähten Namenszügen und Bordüren und zwar:

A Namenszug Sr. Majestät des Königs mit grünen Lorbeerzweigen und Krone – gestickt –

B Namenszug wie vor – Bändchen aufgenäht und mit Schnur eingefasst

C Bordüren, teils gestickt, teils in Bändchen mit Schnureinfassung ausgeführt, für die Estandarten der Garde du Corps, Karbiniers, Kochtitzki-Kürassiere, Leib-Kürassier-Garde sowie der Prinz Johann, Prinz Clemens, Prinz Albrecht und Polenz Chevauxlegers, darüber hinaus eine Bordüre ohne Regimentsbestimmung

Sr. Majestät der König lässt dem Geheimen Kriegs-Rats-Kollegium am **08.07.1808** die Vorschriften zugehen, nach welchen die neuen Estandarten und Fahnen für die Garden und Feld-Regimenter anzufertigen sind. Gleichfalls wird das Geheime Finanz-Kollegium angewiesen, den zur Anschaffung der neuen Feldzeichen erforderlichen Betrag von 6.363 Talern 18 Groschen 6 Pfennigen durch die General-Kriegs-Kasse zur Auszahlung bringen zu lassen.

Für die Anfertigung der Estandarten wird verfügt:

Garde du Corps	4 Eskadrons	weißer Moiré
Karabinier-Regiment	4 Eskadrons	weißer Moiré
Leib-Kürassier-Garde	4 Eskadsrons	weißer Moiré

Das Wappen bei diesen 3 Regimentern mit Hermelinmantel.

Kochtitzki-Kürassiere	4 Eskadrons	weißer Moiré
Chevauxlegers-Regimenter	je 4 Eskadrons	
	jede 1. Eskadron	weißer Moiré
	übrige Eskadrons	roter Moiré

Das Wappen bei diesen Regimentern ohne Hermelinmantel, mit Palmen und Lorbeerzweig.

Alle Estandarten mit Namenszug, Fransen, Schnuren mit 2 Quasten und Estandarten-Riemen.

Zur Unterscheidung der 4 Eskadrons oben an der Stange ein 1 Elle langer weißer, roter, blauer oder gelber Taffetstreifen, durch eine Bandschleife von gleicher Farbe befestigt.

Die Stickerinnen Voigt und Winkler werden am **16.07.1808** in Kenntnis gesetzt, dass denselben je 16 Standarten zum Sticken übertragen werden. Sie werden aufgefordert, eine Erklärung abzugeben, in welcher Zeit sie dieselben fertig stellen können.

Am **16.07.1808** werden die Maße der Standarten angegeben mit einer Höhe von 1 Elle und 2 Zoll und einer Breite von 1 Elle 6 Zoll einschließlich 6 Zoll für das Umwinden der Stange.

Abb. 24   Garde du Corps 2 / Avers

Abb. 25   Garde du Corps 2 / Detail Moiré-Musterung und Nagellöcher

Dem Herrn Dufour in Leipzig werden am **18.07.1808** die zu den Estandarten und Fahnen benötigten Stoffmengen mitgeteilt und er aufgefordert, Preise und Lieferzeiten zu benennen. Dufour antwortet am 23.07.1808, dass die Lieferung der Stoffe baldigst erfolgen kann.

Am **27.07.1808** erhält Dufour den Auftrag zur Lieferung von 101 Ellen weißen und 48 Ellen karmoisin Moiré zu 20 weißen und 12 roten Estandarten.

Am **30.07.1808** stellen die Stickerinnen Winkler und Voigt das Gesuch, dass ersterer die Anfertigung der Fahnen, letzterer die Anfertigung der Estandarten übertragen wird. Es war geplant, jeder die Hälfte der Fahnen und Estandarten zu übertragen. Dem Gesuch wird am 02.08.1808 statt gegeben.

Gleichfalls am **30.07.1808** sendet Dufour 63 Ellen weißen Moiré. Es folgen 38 Ellen weißer und 48 Ellen karmoisin Moiré am **06.08.1808**.

Das Geheime Finanz-Kollegium wird am **10.08.1808** ersucht, das General-Kriegs-Zahlamt anzuweisen, den Kauf- und Handelsherrn Gebr. Dufour für gelieferte seidene Zeuge 431 Taler 2 Groschen und der Stickerin Voigt als Angeld 300 Taler zu zahlen. Letztere wird über das Vorstehende sowie den Eingang von 38 Ellen weißen und 48 Ellen karmoisinroten Moiré benachrichtigt.

Dufour erhält am gleichen Tag den Auftrag u.a. jeweils 8 Ellen weißen, karmoisin, lichtblauen und gelben Taffet zur Eskadrons-Abzeichnung zu liefern.

Der Kostenvoranschlag der Stickerin Voigt vom **31.08.1808** für das Sticken der 32 Estandarten beläuft sich auf 2.500 Taler.

Die Stickerin Voigt überreicht am **31.08.1808** die ersten beiden gestickten Standarten – je 1 für das Regiment Garde du Corps und Regiment Prinz Johann.

Am **05.09.1808** wird das das Geheime Finanz-Kollegium ersucht, das General-Kriegs-Zahlamt anzuweisen, allmählich 2.200 Taler an die Stickerin Voigt sowie 30 Taler an den Assistenten Milhauser zu zahlen.

Gleichfalls am **05.09.1808** wird der Kontrakt mit der Stickerin Voigt über das Sticken von 32 Estandarten für 8 Regimenter (Garde du Corps, Leib-Kürassier-Garde, Karabiniers, Kochtitzki-Kürassiere sowie Prinz Johann, Prinz Clemens, Prinz Albrecht und Polenz Chevauxlegers), je Eskadron 1 Estandarte, abgeschlossen.

Am **24.01.1809** wird der Generalmajor und Ober-Zeugwärter Winzler beauftragt, die zu den Estandarten und Fahnen erforderlichen Stangen, Schuren, Riemen und Futterale zu beschaffen.

Die Spezifikation der Kosten für die Standartenriemen vom **18.01.1809** wurde am **24.01.1809** inkl. Proben des Tuchüberzuges der Riemen an die General-Inspekteure der Kavallerie und Generalmajore v.Zastrow und v.Feilitzsch, und den Generalmajor und Kommandeur der Garde du Corps v.Goldacker zur

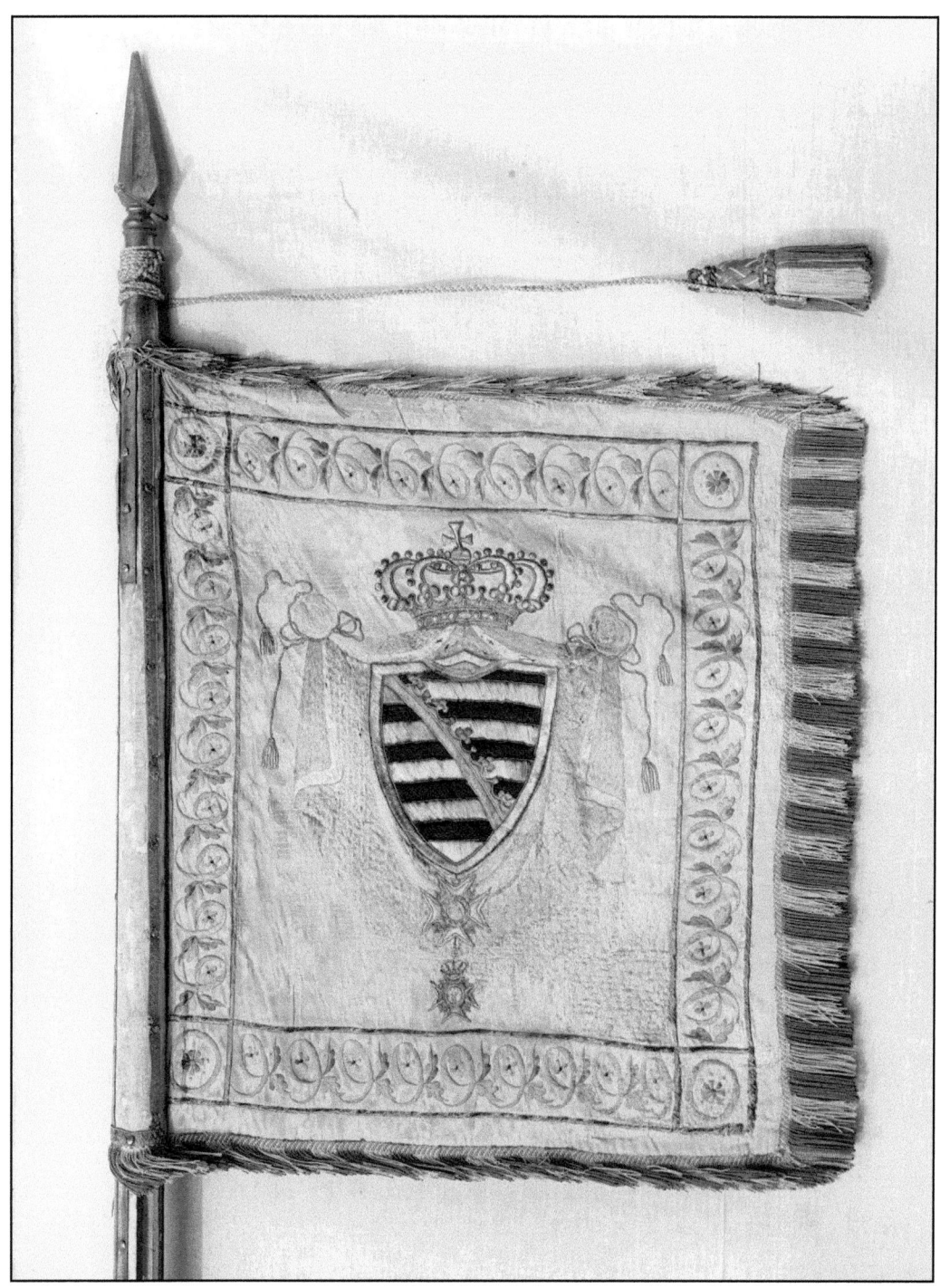

Abb. 26　　Standarte des Gardereiterregiments / vormalige Standarte M 1807 der Karabinier-Garde auf M 1821 adaptiert (Möbius I)

Abb. 27   Standarte des Husaren-Regiments Prinz Johann / Leibstandarte M1807 des vormaligen Chevauxlegers-Regiment Prinz Albrecht auf M1821 adaptiert (Möbius II)

Abb. 28 Standarte des Husaren-Regiments Prinz Johann / Leibstandarte M1807 des vormaligen Chevauxlegers-Regiment Prinz Albrecht auf M1821 adaptiert (Möbius II)

Abb. 29 Standarte des Ulanen-Regiments Prinz Clemens / Leibstandarte M1807 des vormaligen Chevauxlegers-Regiment Prinz Clemens auf M1821 adaptiert (Möbius III)

Abb. 30   abgenagelte Eskadronsstandarte Regiment Albrecht avers

Abb. 31   Detail Bordüre Regiment Albrecht

Meinungsäußerung weitergeleitet. Die Rekommunikate erfolgen am 27. und 28.01.1809.

Am **13.02.1809** wird das das Geheime Finanz-Kollegium ersucht, das General-Kriegs-Zahlamt zur Zahlung von 278 Taler 21 Groschen 7 ½ Pfennige an den Gold- und Silber-Fabrikanten Christian Friedrich Westmann für goldene und silberne Tressen zu Estandartenriemen anzuweisen.

Mit der Beutlermeister-Witwe Keppler wird am **21.02.1809** ein Kontrakt über die Fertigung von 32 Stück neuen Estandarten-Riemen über 224 Taler 11 Groschen geschlossen.

Am **21.02.1809** wird das das Geheime Finanz-Kollegium ersucht, das General-Kriegs-Zahlamt zur Zahlung von 224 Taler 11 Groschen an die Beutlermeister-Witwe Keppler und 14 Taler 16 Groschen an den Gürtlermeister Haupt für messingne und vergoldete Schnallen anzuweisen. Die 32 Estandarten-Riemen mit Schuh kosten damit gesamt 518 Taler 7 ½ Pfennige.

Das Hauptzeughaus bescheinigt am **08.04.1809** die Ablieferung von 32 tuchenen, mit Leder gefütterte und mit Tressen besetzten Bandeliers zu Standarten und ebensoviel lederne Standartenschuh (Estandartenriemen) durch die Beutlermeister-Witwe Keppler.

Die Stickerin Voigt liefert am **15.04.1809** 25 gestickte Estandarten und am **24.08.** 7 gestickte Estandarten im Hauptzeughaus ab.

Am **19.02.1810** meldet die Stickerin Voigt, dass sie außen bei den Estandarten für die Garde du Corps, die Leib-Kürassier-Garde, die Karabiniers und den 5 übrigen Regimenter den die Bordüre zu beiden Seiten einfassenden Streifen von Gold, an statt von Seidenstickerei hergestellt habe.

Nach der am **28.03.1810** erfolgten Berechnung der Anschaffungskosten beziffern sich diese für 32 Estandarten und 26 Fahnen auf 7.133 Taler 5 Groschen 11 ½ Pfennige. Eine Estandarte kostet im Durchschnitt 148 Taler.

Da der bisher veranschlagte Betrag von 6.363 Talern 18 Groschen 6 Pfennigen für die Fertigstellung der Fahnen und Standarten nicht ausreicht wird am **11.04.1810** im Geheimen Kabinett an den König die Anfrage gestellt, ob sämtliche Fahnen und Standarten fertig zu stellen sind oder ob die Feldzeichen der eingegangenen Regimenter (Karabiniers und 4 Infanterie-Regimenter) zurückgelegt werden sollen.

Am **24.05.1810** verfügt der König an das Geheime Kriegs-Rats-Kollegium a) dass das Geheime Finanz-Kollegium den zur Herstellung der Fahnen und Standarten noch benötigten Betrag von 597 Talern 5 Groschen 5 ½ Pfennigen aus der General-Kriegs-Kasse verabfolgen lässt und b) dass die noch nicht vollendeten für die eingegangenen Regimenter bestimmten Estandarten und Fahnen einstweilen in Verwahrung zu nehmen sind.

Abb. 32   Eskadronsstandarte Regiment Albrecht / revers

Abb. 33   Bordüre Regiment Karabiniers

Abb. 34   Bordüre Regiment Johann

Am **01.06.1810** werden die letzten Gelder (108 Taler an die Stickerin Voigt und 1.592 Taler 13 Groschen und 4 Pfennige an die Haupt-Zeughaus-Kasse) angewiesen.

Mit königlichem Befehl vom **19.07.1811**[17] wird die Ausgabe der neuen Feldzeichen an die Regimenter angeordnet.

3.5 Der Platz der Standarten in den Eskadrons

Eine Eskadron wird jederzeit in zwei Gliedern aufgestellt und in 4 Züge eingeteilt.

Die Fahne hält en Parade auf dem rechten Flügel der 2ten halben Eskadron im ersten Glied. Wenn die Glieder geschlossen werden, rückt die Fahne auf den rechten Flügel des 2ten Gliedes, der dort stehende Unteroffizier rückt ins 1ste Glied.

Bei den Honneurs ist die Fahne oder Standarte an dem daran befindlichen Riemen so weit herunter zu lassen, dass solche unter das Auge des Pferdes kommt. Der Fahn-/Estandartjunker hat sich nach dem vor ihm haltenden und salutierenden Offizier zu richten.

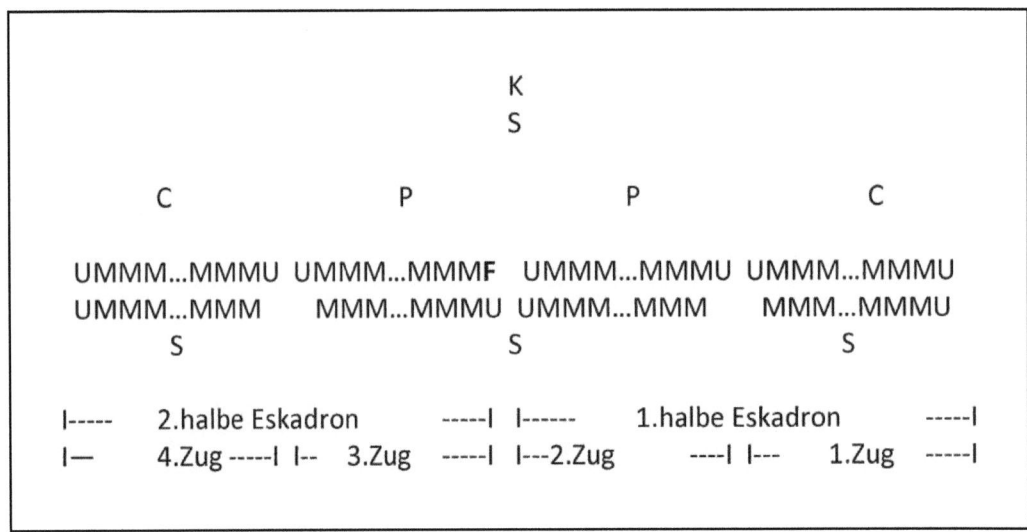

Abb. 35   Eskadron zur Parade (es bedeuten K=Kommandeur, C=Capitain, P=Premierleutnant, S=Sousleutnant, **F=Fahne/Standarte**, U=Unteroffizier, M=Mann)

Beim Linksschwenken mit halben Eskadrons oder Zügen rückt die Fahne auf den linken Flügel des 2ten Gliedes der 1sten halben Eskadron. Der dort stehende Unteroffizier rückt dafür ins 2te Glied des rechten Flügels der 2ten halben Eskadron.

---

[17] Sh. Anlage 04

Abb. 36　　　Detail Banderole

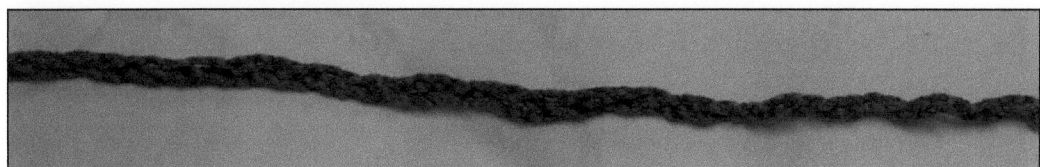

Abb. 37　　　Detail Banderole

Abb. 38　　　Detail Banderole

Abb. 39　　　Detail Banderole

```
                                K

   CUMMM…MMMU   UMMM…MMMU   UMMM…MMMU   UMMM…MMMUC
   SUMMM…MMM        MMM…MMMF  UMMM…MMM        MMM…MMMUS
        S              P            P              S


   I-----   2.halbe Eskadron   ------I  I------   1.halbe Eskadron   ------I
   I—    4.Zug -----I  I--  3.Zug  ------I  I---2.Zug   ---I  I---  1.Zug  ------I
```

Abb. 40   Eskadron zum Exerzieren

3.6 Das Prozedere der Standartenverleihung

Die Verleihung der Fahnen war an ein im Dienstreglement der Kavallerie von 1753 vorgeschriebenes Prozedere[18] gebunden. Danach wurden erst die Standarten in des Obersten Quartier angeschlagen und dann ins Regiment gebracht. Dieses wurde in einen Kreis formiert, durch den Auditeur angesprochen und mit den entsprechenden Vorschriften vertraut gemacht.

Alle anwesenden Militärpersonen hatten den Fahneneid, welchen der Auditeur gleichfalls vorlas, nachzusprechen. Die Vereidigung auf die neue(n) Fahne(n) wurde vom Auditeur protokolliert und das Protokoll[19] von den Stabsoffizieren des Regiments gegengezeichnet. Die so Vereidigten wurden namentlich erfasst.

Alle nicht bei der Vereidigung Anwesenden (Wache, Arrest, krank etc.) wurden vom Auditeur aufgesucht und nachverpflichtet, worüber wieder entsprechende Protokolle gefertigt wurden. Im Verhinderungsfalle des Auditeurs konnten diese Verpflichtungen auf durch requirierte Notare vorgenommen werden.

Bei den Regimentern ohne Standarten schworen die Anwesenden auf den Säbel des kommandierenden Offiziers.

3.7 Besonderheiten

3.7.1 Regimenter ohne Standarten

Das **Regiment Husaren** hatte bei der Errichtung 1791 keine Feldzeichen erhalten. Obwohl anfänglich für die Husaren Standarten vorgesehen waren, kamen diese mit der Pro Memoria vom 13.05.1808 in Wegfall, da auch die Husaren anderer Armee keine Standarten führten.

---

[18] Sh. Anlage 01
[19] Sh. Anlage 05

Abb. 41   Spitze

Abb. 42   Übergang kannelierter zu Standartentuchschaft

Abb. 43   Gesamtansicht Spitze mit Standartentuchschaft

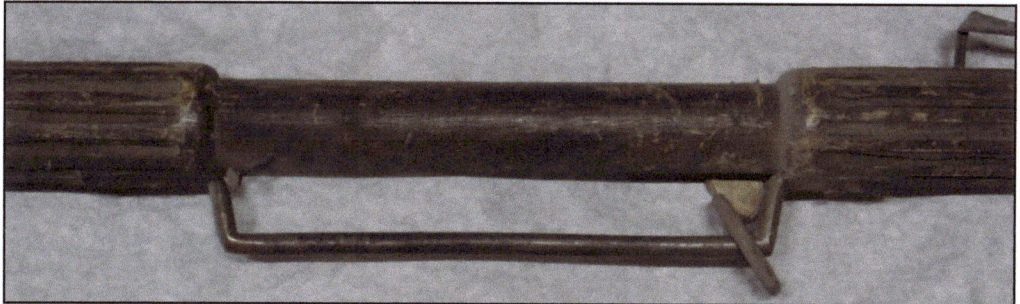

Abb. 44/45   Handgriff (o.) und Handgriff mit Endstück ohne Schuh

Das **Regiment Prinz Clemens** erhielt zwar im Jahre 1811 die neuen Standarten, gab aber infolge Allerhöchsten Befehls vom 07.03.1812[20] seine Standarten an das Hauptzeughaus ab.

3.7.2 Sonderaustattungen

Die Bordüre der Garde du Corps war in Gold, die aller anderen Regimenter in Seide gestickt.

4. Die Standartenverluste

4.1 Die Standartenverluste 1812

Am Feldzug von **1812** nahmen 7 Regimenter in folgenden Verbänden teil:

Regimenter Garde du Corps und Zastrow-Kürassiere im 4.Kavallerie-Korps

Regimenter Polenz- und Clemens-Chevauxlegers sowie das Regiment Husaren im 7.Armee-Korps

Regiment Albrecht-Chevauxlegers im 3.Kavallerie-Korps

Regiment Johann-Chevauxlegers im 9.Armee-Korps

Hottenroth (und alle sich auf ihn beziehenden Werke) geht davon aus, dass alle Regimenter, außer die von Haus aus keine Standarten habenden Husaren, ihre Standarten mit ins Feld genommen haben. Dies wären bei 6 Regimentern 24 Standarten. Betrachten wir aber die Regimenter im Einzelnen, so ist festzustellen, dass Hottenroth hier unsauber recherchiert hat und irrt[21].

Regiment Prinz Clemens

Gemäß Befehl vom 07.03.1812 gab das Regiment die Standarten an das Hauptzeughaus ab und führte im Feldzug von 1812 keine Standarten mehr[22].

Regiment Prinz Albrecht

Für das beim 3.Kavallerie-Korps stehende Regiment gibt Hottenroth an, keine Nachrichten zu diesen Standarten zu haben, nur dass bloß 12 Mann „ohne Fahn" Sachsen wieder erreichten[23]. Seitens Heckel werden aber keine Beutestandarten aufgeführt.

---

[20] Siehe Anlage 05
[21] Der Sekretär Brandt stellt in seiner Zusammenfassung bereits die Vermutung an, dass nicht alle Regimenter ihre Standarten mit in Russland hatten, ohne dies allerdings nachzuweisen.
[22] Hottenroth S.107: „Vollständig versiegen die Quellen über das Schicksal der Standarten des Ulanenregiments Prinz Clemens…". Siehe hierzu Anlage 05.
[23] Hottenroth S.107: „Vollständig versiegen die Quellen über das Schicksal der Standarten … des zum 3.Reserve-Reiterkorps gehörenden Regiment Prinz Albrecht Chevauxlegers. Nachdem das … Regiment durch das brennende Moskau marschiert, musste auch endlich der Rückzug westwärts angetreten werden, und hierbei wurde das Regiment fast vollständig aufgerieben. Zwölf Mann – „ohne Fahn" – erreichten die Heimat!

Abb. 46 Unterer Klammerhalter mit Bügelbefestigung Handgriff

Abb. 47 Oberer Klammerhalter   Abb. 48 ausgerissene Messingblecheinlage

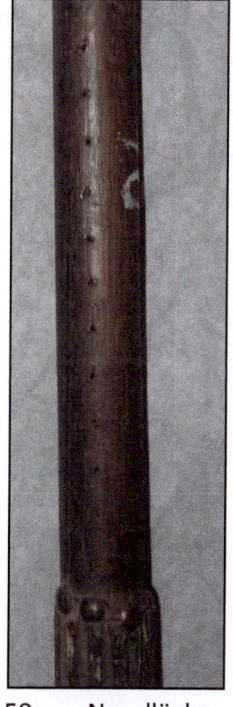

Abb. 49 Reste Standarte oder Taffetstreifen (?)   Abb. 50 Nagellöcher

Im Bericht des Obersten v.Lessing, Kommandeur des Regiments, an den Generalleutnant von Lecoq vom 03.06.1812 findet sich jedoch folgende Passage: „ ... Den 18. Mai erhielt ich die Ordre[24] die Fahnen durch ein Kommando nach Glogau zu senden, allwo sie an den Herrn Gouverneur Grafen Seras gegen Empfangsschein übergeben wurden ...".

Das Regiment hat also den Feldzug von 1812 ohne seine Standarten mitgemacht.

Für 2 Standarten lässt sich der Erhalt nachweisen.

Die Leibstandarte wird 1821 (nun mit grün-weißen statt rot-weißen Fransen versehen) an das Regiment Johann verliehen[25]. Im Depot des MHM Dresden wird diese Leibstandarte 1933 von Herrn Möbius fotografiert.

Eine Eskadronsstandarte[26] befand sich wohl bis Anfang der 1990er im DHM Berlin.

Johann-Chevauxlegers

Das beim 9.Armee-Korps stehende Regiment muss zwar am 27.11.1812 an der Berezina die Waffen strecken, dennoch gelangt – so zumindest Heckel – nur eine Standartenstange ohne Tuch in den Besitz der Russen.

Die 4 Standarten werden aber am 28.08.1815 von Torgau in das Hauptzeughaus Dresden überführt (Hottenroth).

Zum Regiment Johann existieren im HStA Dresden keine Feldzugsakten. Es ist aber stark zu vermuten, dass das wohl erst im Juni 1812 marschierende Regiment vor oder während des Marsches seine Standarten in der Festung Torgau abgegeben hat[27].

Zu der angeblich erbeuteten Standartenstange vom Regiment Johann führt Andalenko[28] aus, dass in den russischen Berichten weder der die Beute machende Soldat noch dessen Regiment aufgeführt werden[29].

An der Stange selbst kann man das Regiment nicht erkennen. Woher also diese Zuordnung stammt, lässt sich nicht nachvollziehen. Es handelt sich sehr

---

[24] Der die 17.leichte Brigade kommandierende Brigadegeneral Domanget wird sich bei dieser Anordnung auf die kaiserlichen Befehle vom 25.09.1806 berufen haben. Danach hatten alle leichten Kavallerie-Regimenter bei Ausbruch eines Feldzuges ihre Adler im Stabsquartier abzugeben (dankenswerte Hinweise von Hans-Karl Weiß und Oliver Schmidt).

[25] Ab 01.01.1821 führt jedes der drei damals bestehenden Regimenter nur noch eine Standarte.

[26] Die Vermutung Hottenroth's, dass es sich dabei um eine Probestickerei handele, wird durch die Angaben in den Akten nicht gestützt.

[27] Hottenroth (S.106): „... Zeschau ... bittet, die Kommandantur (des nun preußischen) Torgau zur Herausgabe **der dort deponierten** vier Standarten zu veranlassen."

[28] Andalenko ordnet die Stange dem bei Kobryn kämpfenden Regiment Prinz Clemens zu und liegt damit ganz weit daneben.

[29] Was im Klartext nichts anderes bedeutet, als dass die Stange nicht erbeutet sondern gefunden wurde.

wahrscheinlich bei dieser Stange um eine der drei Stangen des Regiments Zastrow[30], welche nach Abnagelung der Tücher auf einem Wagen lagen.

Die Leibstandarte des Regiments ist bei Gräfe abgebildet (Lagerort DHM?).

Regiment Polenz

Das bei der Kavallerie des 7.Armee-Korps alleinig Standarten führende Regiment gab seine 4 Standarten im Juli 1813 an das Hauptzeughaus ab (Hottenroth).

Das Regiment war am 13.02.1813 bei Kalisch abgeschnitten und mit der Kolonne Gablenz erst am 06.06.1813 wieder auf sächsischem Boden eingetroffen. Da Offiziere und Mannschaften ins Ulanen-Regiment versetzt wurden, würde eine Abgabe der in Russland mitgeführten Standarten im Juli vom Zeitablauf her plausibel erscheinen.

Zastrow-Kürassiere

Von dem, bei der Kürassier-Brigade Thielmann im 4.Kavallerie-Korps stehenden Regiment wurde eine Standarte, wohl die Leibstandarte, am 21.11.1812 bei Latigal durch die Russen erbeutet. Diese Standarte befanden sich bis 1917 in der Kazaner Kathedrale in Petersburg, der heutige Aufenthalt ist unbekannt.

Die übrigen je 3 Standarten waren – aufgrund der Schwäche des Regiments – bereits im Oktober auf einen Wagen gelegt worden. Nachdem am 18.10.1812 die gleichfalls auf einem Wagen liegenden 3 Standarten der Garde du Corps fast in die Hände der Kosaken gefallen waren, wurde Befehl gegeben, die Standarten abzunageln und in einen Mantelsack zu packen. Dieser Mantelsack ging im Laufe des weiteren Rückzuges verloren, Details sind hierzu nicht bekannt. Auch ist der Verbleib dieser 3 Standarten bis heute ungeklärt.

Garde du Corps

Von dem, bei der Kürassier-Brigade Thielmann im 4.Kavallerie-Korps stehenden Regiment wurde eine Standarte, wohl die Leibstandarte, am 21.11.1812 bei Latigal durch die Russen erbeutet. Diese Standarte befanden sich bis 1917 in der Kazaner Kathedrale in Petersburg, der heutige Aufenthalt ist unbekannt.

---

[30] Beim Überfall von Tarutino am 18.10.1812 hatten die Garde du Corps und Zastrow einen großen Teil ihrer Bagage eingebüßt. <u>Zum Verbleib der restlichen Bagage:</u> a) Garde du Corps: *"Der Stabswagen und einer mit Lebensmittel und neuer noch nicht ausgegebener Pferde-Equipage sind bis äußersten Punkt, wo die Retirade angetreten wurde, gebracht worden. Der Stabswagen, worauf die Regiments-Kasse, das Archiv der Wirtschafts-Kommission und die übrigen Stücke, so laut Ordre von 1811 darauf gehören, befindlich waren, wurde am 18ⁿ Octbr. 1812 gefangen. Der andere Wagen ist wegen Mangel an Pferden, mit Equipage und Armatur, zwischen Mosaisk und Smolensk stehen geblieben."* (Sltn. J.F.Michael, 20.11.1814) <u>b) Zastrow:</u> *"...auf der ich das aus der Gegend von Kaluga kommende etwa noch 30 bis 40 Pferde starke Regiment erst bei Smolensk traf, wo selbiges schon den größten Teil der Equipage verloren hatte,* **deren letzter Rest nebst Archiv und Kasse endlich in der Gegend der Berezina den Kosaken in die Hände fiel."** (Rtm. A.S.Scheffel, 30.11.1814)

Die übrigen 3 Standarten waren, nachdem das Regiment aufgrund seiner Schwäche in eine Eskadron zusammengezogen worden war, Mitte Oktober[31] auf den Stabswagen gelegt worden. Während des Überfalls bei Tarutino (18.10.1812) war dieser Wagen in die Hände der Kosaken gefallen. Während die Kosaken den Wagen plünderten und mit dem Aufschlagen der darauf befindlichen Feldkasse beschäftigt waren, entkamen die den Wagen zu Fuß begleitenden Wachtmeister Bopp und Trabant Jonas[32] im Getümmel mit den silbernen Trompeten und den 3 Standarten. In Folge dieses Ereignisses ließ General Thielmann diese 3 Standarten abnageln und in einem Mantelsack, den der hierzu kommandierte Unteroffizier vor sich auf dem Pferde zu führen hatte, aufbewahren. Dieser war allabendlich ins Generalsquartier zu bringen und allmorgendlich von dort wieder abzuholen.

In der Nacht zum 10.11.1812 wurde die kaum noch 40 Dienstpferde starke Brigade alarmiert. Der Estandartjunker Dittmar vom Regiment Zastrow ergriff in dieser Situation fälschlicherweise den Mantelsack mit den Standarten der Garde du Corps, welcher ihm im weiteren Verlauf vom Pferd gerissen wurde. Die sobald als möglich bei wenigstens -8°C und Schneetreiben einsetzende Suche verblieb erfolglos[33].

Der Mantelsack muss im weiteren Verlauf von den Russen aufgefunden worden sein, da sich zwei Standarten heute im Staatlichen Historischen Museum in Moskau befinden. Selbst wenn eines der Standartentücher zu der bis 1917 in der Kasaner Kathedrale befindlichen Standarte gehören sollte, so zeugt doch das zweite Tuch vom zwingend notwendigen Auffinden des Mantelsacks. Interessanterweise schreibt Heckel in der Beschreibung der Garde du Corps-Standarte: „Die Standarte wurden am 21.November 1812 genommen, im Gefecht beim Dorf Latigal, … <u>die anderen Standarten des selben Regiments, abgenommen von den Fahnenstangen, wurden ebenso genommen</u>, jedoch ist ihr Verbleib unbekannt."

Die **Standartenverluste** im Feldzug von 1812 lassen sich demnach wie folgt zusammen fassen:

Garde du Corps   1 Standarte am 21.11. bei Latigal
                    3 Standartentücher Anfang November verloren und von
                    den Russen aufgefunden

---

[31] Die Regimenter Garde du Corps und Zastrow hatten Mitte Oktober noch je 80 – 90 dienstfähige Pferde.

[32] Thielmann erwähnt in seinem Bericht an den König den braven Wachtmeister mit keiner Silbe, schreibt die Tat allein den Trabanten Jonas zu und verkündet dessen durch ihn (Thielmann) vorgenommene Ernennung zum Estandartjunker. Weiterhin erbittet er für Jonas die goldene Medaille. Der Grund (Ableben oder Nichterteilung), warum Jonas die Medaille nicht erhalten hat, ist nicht bekannt.

[33] Der Estandartjunker Ditmar wurde für dieses Versehen durch Thielmann von der Brigade gejagt und sich selbst überlassen.

Zastrow	1 Standarte am 21.11. bei Latigal
	3 Standartentücher Ende 1812 verloren (verschollen)
Standartenstangen	1 Stange an der Berezina, 5 Stangen verschollen

Damit gerieten nachweislich 2 Standarten, 3 Standartentücher und 1 Standartenstange in russische Hände, 3 Standartentücher und 5 Standartenstangen sind verschollen und 4 Standarten erreichten die Heimat wieder.

Der Geheime Sekretär Brandt, auf dessen Vorarbeit Hottenroth im wesentlichen zurückgreift, schreibt: „Wegen der Estandarten der Reiter-Regimenter ist bei Beschreibung der Teilnahme der sächsischen Truppen an den kriegerischen Aktionen der Jahre 1812 und 1813 nichts erwähnt. Anscheinend sind dieselben zurückgelassen worden."

4.2 Die Standartenverluste 1813-1815

Für 1813 bis 1815 sind keine Verluste an Standarten bekannt.

Nicht eingeordnet werden kann in diesem Zusammenhang die von Hottenroth aufgeführte „Rettungstat" des Premierleutnants Graf zu Solms vom Regiment Leib-Kürassier-Garde.

Dieser soll 1813[34] die Standarte der ersten Eskadron seines Regiments von der Stange gelöst, den Lappen in einem Koffer der verwitweten Frau Hauptmann von Kuntzsch zur Aufbewahrung übergeben und die Stange im Gebälk des Kuffenhauses versteckt haben[35]. Allerdings soll diese Standarte rot gewesen sein[36]. Auch hatte man zur Verleihung der Standarten zum 01.05.1816 an die Leib-Kürassier-Garde eine vierte weiße (drei weiße waren bereits auf dem Königstein deponiert[37]) fertigen müssen[38].

5. Die Standarte des Regiments Zastrow im Feldzug von 1813

Das Regiment Zastrow-Kürassiere rückte aufgrund des Verlustes aller Standarten Ende 1812 in Russland 1813 ohne Standarte ins Feld.

---

[34] Der Zeitraum wird nicht näher eingegrenzt
[35] Hottenroth S.112
[36] Hottenroth S.113
[37] Zu dem Umstand, dass 3 Standarten auf dem Königstein deponiert waren, kann nur vermutet werden, dass auch die sächsischen schweren Regimenter – genau wie die französischen nach dem kaiserlichen Befehl vom 25.12.1811 (Dank an H.K. Weiß für den Hinweis) – 1813 mit nur 1 Standarte pro Regiment ins Feld zogen. Dabei ist anzumerken, dass das Regiment Zastrow aufgrund der Standarten-Verluste in Russland 1813 ohne Standarte ins Feld rückte.
[38] Zumindest scheint die 4.Standarte bei zur erneuten Verleihung im Mai 1816 nicht verfügbar gewesen zu sein, sei es nun, weil der Koffer nicht wieder aufgefunden wurde oder der Zustand der Standarte einer Weiterverwendung im Wege stand.

Nun befindet sich in der „Geschichte der Kürassier-Brigade 1813-1814"[39] folgende Mitteilung: „"…erhielten sie (Regiment Zastrow und 4./Leib-Kürassier-Garde) gegen Abend noch Gelegenheit, durch eine glänzende Attacke zwei österreichische Bataillone zu sprengen, hierbei 2 Fahnen[40], alle Stabs- und Ober-Offiziers und 1.300 Mann gefangen zu nehmen. … <u>Murat, welcher zeither bei dem Regimente Zastrow den Mangel der Estandarte wahrnahm, wirkte bei Napoleon noch an dem nämlichen Abend die Erlaubnis aus, eine der an diesem Tage eroberten Fahnen hinführo als Siegeszeichen zu führen.</u>"

Weitere Quellen, die diese Mitteilung stützen, haben sich bisher nicht finden lassen. Inwieweit das Führen einer Infanterie-Fahne durch Kavallerie möglich ist, hängt von Größe[41] und Beschaffenheit der Fahne ab. Zwar ist Murat auch für seine Spontanität bekannt, aber auch als Kavallerist durch und durch und somit sollte unterstellt werden können, dass er wusste, was er tat (falls er es wirklich getan hat und wir es hier nicht nur mit einer schönen Legende zu tun haben).

6.   Die Situation 1814 und 1815

Bei der erneuten Reorganisation der sächsischen Armee Ende 1813/ Anfang 1814 werden an Kavallerie je ein Regiment Kürassiere, Ulanen und Husaren aufgestellt.

Husaren und Ulanen führten keine Standarten. Die Kürassiere (als Leib-Kürassier-Garde formiert) werden wahrscheinlich die bereits 1813 geführte Standarte weiter verwendet haben.

Standartenverluste sind aus diesen Jahren nicht bekannt.

Dennoch wirft die Neuanschaffung einer 4. Standarte von weißem Moiré für das Kürassier-Regiment Fragen auf, die auf Grundlage der zur Verfügung stehenden Unterlagen nicht beantwortet werden können.

7.   Die Adaptierung der Standarten M1807/11 auf M1821

Da bei der Neuausrüstung der Armee mit Feldzeichen nur die Infanterie neue Fahnen erhielt, ist davon auszugehen, dass die Kavallerie die Standarten M1807 nur auf M1821 adaptierte, indem eine neue Spitze mit Federn angebracht und die karmoisin/weißen Fransen und Schnuren mit Quasten gegen grün/weiße ausgetauscht wurden.

Der Aufwand muss bei 3 Standarten überschaubar gewesen sein.

---

[39] Eine 18seitige Handschrift ohne Angaben zum Autor und zum Jahr der Niederschrift. Diese Schrift liegt mit zwei anderen aus dem Jahre 1820 zusammengeheftet ab.
[40] Es handelte sich dabei um die Fahnen des Regiments Wacquant No.62.
[41] <u>Maße</u>: Stange m. Krone 2,84 m, Fahnentuch 1,40 m hoch und 1,58 m breit. <u>Zustand</u>: unbekannt

8. Quellen
8.1 Literatur

Andolenko Aigles de Napoleon contre Drapeau du Tsar – Paris 1969

Cerrini – Die Feldzüge der Sachsen in den Jahren 1812 und 1813 – Dresden 1821

Exercirreglement für die Königlich Sächsische Cavalerie – Dresden 1810

Gräfe Fahnen u. Standarten der Kgl. Sächs. Armee 1806-1918 – Dresden 2000[42]

Hauptstaatsarchiv Dresden
Bestand 10026 Los 1209/1   Innere Wirtschaft der Armee 1808 bis 1813
Bestand 11248 No.4443   Beschaffung und Verbleib 1752-1828
Bestand 11289 No. 135   Rapports über Verpflegung/Auflösung der Regimenter
Bestand 11326 No. 0643   Protokoll über die Verpflichtung Regiment Johann 1811
Bestand 11339 No. 116/117/119/120   Allerhöchste Befehle
Bestand 11341 No. 288   Meldungen Oberst Lessing

ГЕККЕЛ – ТРОФЕИ ВОЙНЪ 1812-1813-1814 ХРАНАЩIЕСА ВЬ КАЗАНСКОМЬ СОБОРЬ – С.-ПЕТЕРБУРГ 1909

Hottenroth Geschichte der Sächsischen Fahnen und Standarten – Dresden 1910

Ihro Königl. Majestät in Pohlen und Chur-Fürstl. Durchl. zu Sachsen c. allergnädigst approbirtes Dienst-Reglement im Lande und Felde, vor Dero Cavallerie- und Dragoner-Regimenter – Dresden 1753

Schuster/Francke Geschichte der Sächsischen Armee – Leipzig 1885

Stamm- und Rangliste der Kön. Sächsischen Armee 1810, 1811, 1812, 1813 und 1815

8.2 Abbildungen (durchgängig urheberechtlich geschütztes Material)

Autor 03 – 05, 13 – 18, 35, 40

Deutsche Fotothek 26 – 29 (Fotograf: Möbius, Walter 1933-36; df_hauptkatalog _0057743 (Abb. 26), _0053860 (Abb. 27), _0053859 (Abb. 28), _0057742 (Abb. 29)

Eremitage, St.Petersburg 41 – 50 (Государственный Эрмитаж. Россия, 190000, Санкт-Петербург, Дворцовая набережная, 34; www.hermitagemuseum.org)

Heckel 01, 02 (ГЕККЕЛ)

Hist. Museum Moskau 06 – 12, 19 – 25, 36 – 39 (ГОСУДАРСТВЕННЫЙ ИСТОРИЧЕСКИЙ МУЗЕЙ – 109012, РОССИЯ, МОСКВА, ПЛОЩАДЬ РЕВОЛЮЦИИ 2/3; www.shm.ru)

Hottenroth 13 - 18

Private Sammlung 30 – 34

Disclaimer

Sollten trotz sorgfältigster Recherche und bei der Einholung von Veröffentlichungsgenehmigungen Fehler unterlaufen und unbeabsichtigt Schutzrechte verletzt worden sein, so bitte ich um Befreiung von den negativen Folgen dieses Verstoßes und nachträglich um Erteilung dieser Genehmigung gegen Zahlung der üblichen Gebühr.

---

[42] Die an den Herausgeber „Arbeitskreis Sächs. Militärgeschichte e.V." gerichteten Anfragen zu Details dieses Werkes wurden durch den Arbeitskreis einer Beantwortung nicht für würdig und/oder nötig befunden.

9. Anlagen

Anlage 01 Auszug aus dem Dienstreglement der Kavallerie von 1753[43]/ IV.tes Buch
VI.tes Capitul   Vom Gottesdienst und Ceremonien mit der Fahne

„§ 2 Die neuen Fahnen oder Estandarten, die ein Regiment bekommt, sollen in des Chefs oder Obristens Quartier, in Gegenwarth aller Officiers, des Auditeurs, 1.Wacht-Meisters, 1.Fahnen-Junkers, 1.Corporals und etlicher von denen ältesten Reutern oder Dragonern par Compagnie, angeschlagen werden.

Der Obriste thut den ersten Schlag, ihm folgen die Officiers nach dem Range, Unter-Officiers und Gemeine nach dem Range ihrer Compagnie.

Wenn diese Ceremonie in einem Orte, wo Ihro Königl. Majt. selbst, oder Jemand von dem Königl. Hauße gegenwärtig, geschehen soll, wird allerunterthänigst angefraget, ob Allerhöchst-Dieselben solche mit eigener hohen Hand anzufangen geruhen wollen? In diesem Fall, werden die Fahnen und Estandarten in Deroselben Apartement, in Gegenwarth derer Staabs-Officiers und Capitaines angeschlagen, von denen Fahnen-Junkers in des Obristens Quartier gebracht, und die Ceremonie von denen übrigen Officiers, Unter-Officiers und Gemeinen vollzogen.

Es folgt darauf die Verpflichtung des Regiments, und zwar, wenn gantz neu-errichtete Regimenter verpflichtet, oder ein General zu Verpflichtung gantzer Corps und Regimenter commandirt wird, geschiehet deren Verpflichtung durch das General-Kriegs-Gerichte: Wann aber ein eintzelnes Regiment neue Fahnen bekommt, verrichtet der Regiments-Auditeur die Verpflichtung; Diese geschiehet folgendermaßen:

Das Regiment setzt sich zu Pferde mit der Paucken-Wacht und Paucken Escadron-weiße en Ordre de Bataille, wie beym Exerciren: Der Major hält im Centro des Regiments bey dem Obristen und Obrist-Lieutenant, mit welchen die Estandarten oder Fahnen durch die Fahnen-Junker der 4. ältesten Compagnien ohne Honneurs auf den Platz gebracht sind. Das Regiment empfänget den Obristen mit Erhebung des Gewehrs einer Escadron nach der andern; Von denen Fahnen aber, zu welchen noch nicht geschworen ist, geschiehet keine Honneur. Der Major läßet das Regiment einen Creyß formiren, in deßen Centro sich die Fahnen befinden, der Auditeur verlieset und expliciret die Kriegs-Articuls, der Major commandiret:

Steckt den Degen ein!

Der Auditeur, oder ein gegenwärtiger Geistlicher, hält eine kurtze Rede, darinnen der Endzweck der Veneration vor denen neuen Fahnen erkläret, die Abscheulichkeit des Meyneydes vorgestellet, und der Höchste um Segen, Glück und Sieg derer Königl. Waffen angeruffen wird. Es wird der rechte Hand-Schuh ausgezogen, die 2 Finger der rechten Hand erhoben, und von dem gantzen Regiment der Eyd, den der Auditeur vorlieset, von Wort zu Wort nachgesprochen:

Der Hand-Schuh wird wieder angezogen, und sobald der Degen gezogen ist, rücken die Estandarten in die Escadrons, und werden mit klingendem Spiele empfangen, der Creyß wird geöffnet, das Regiment herstellt sich en Ordre de Bataille, und die Fahnen werden

---

[43] Der Wortlaut ist im Entwurf zum Dienstreglement von 1809 nur unwesentlich verändert.

zum erstenmahle, durch den Major und die Leib-Compagnie, wie es beym Exerciren beschrieben, in des Obristen Quartier gebracht.

Die alten Estandarten, wenn solche in ein Zeug-Hauß gebracht werden sollen, werden unter Bedeckung eines Commandos von 1.Lieutenant, 2.Corporals, 1.Trompeter oder Tambour, 24 Pferden, entweder durch die 4.ältesten Fahnen-Junker, oder auch auf einem Wagen transportiret. Es geschiehet vor selbige die Honneurs bis sie abgegeben sind, doch werden sie stille mit erhabenem Gewehr in die Garnison, wo das Zeug-Hauß ist, gebracht, und auch auf dem Marsch also von denen Wachten empfangen, und in dem Nachtquartier auf- und abgenommen."

Anlage 02   Bericht der Geheimen Kriegs-Rats-Kollegii vom 18n April a.c.

Commando Sachen No.489 de Anno 1808

Ihro Königl. Majestät geruhten dem Geheimen Kriegs-Rats-Kollegio durch Reskript vom 4^n November 1807 die Allerhöchste Entschließung die Garde du Corps, die Leib Grenadiers Garde ingleichen die Kavallerie und Infanterie Regimenter mit neuen Estandarten und Fahnen versehen, und solche in der Maße wie die Fahnen zuletzt im Jahre 1802 bei der Infanterie eingeführt worden, jedoch mit dem seitdem veränderten Wappen fertigen zu lassen, zu eröffnen, und demselben aufzugeben, nach vorgängiger Kommunikation mit dem General von Zezschwitz und den General Inspekteurs der Kavallerie und Infanterie, seine ohnmaßgeblichen Vorschläge mit den erforderlichen Zeichnungen auch Kosten Auswürfen einzureichen, und dabei den Bedacht dahin zu richten, dass die Estandarten für die Garde du Corps mit den Fahnen der Leib Grenadiers Garde von gleicher Art gefertigt würden.

Nach gegenwärtigen Berichte hat demnach was

A   die Estandarten

betrifft und zwar

für die Garde du Corps

deren Standarten bisher bei allen 4 Eskadrons von weißen Moire, durchaus reich gestickt und mit goldenen Fransen versehen, die Riemen aber von blauen Samt und mit goldenen Tressen und Fransen besetzt, und an den Stangen ein, mit einer Bandschleife befestigter, eine Elle lang doppelt herunter hängender Taffetstreifen resp. von weißer, blauer, gelber und roter Farbe, zum Unterschied der Eskadrons angebracht gewesen, -- hat Kollegium

die Zeichnungen sub A und R fertigen lassen und bemerkt dabei, dass die auf der Zeichnung sub A aus einer irrigen Meinung des Malers angebrachte blaue Bordüre keine Rücksicht verdiene, und dass bei dem Königl. Sächs. Wappen der Orden der Sächs. Rautenkrone über den Heinrichs-Orden zu stehen kommen würde.

Der General von Zezschwitz sei des Dafürhaltens, dass, wenn nach der Zeichnung sub A die Estandarten für die Garde du Corps auf weißen Moire reich in Gold, und zwar mit der auf beiden Seiten gleichen Bordüre, auf der einen Seite mit dem Allerhöchsten Namenszuge FA und Krone, auf der andern aber mit dem Königl. Sächs. Wappen gestickt würden, solche den zeitherigen wieder gleich kommen würden; wobei er wünsche, dass die Riemen ebenfalls wieder von blauen Samt gefertigt und mit einer breiten und einer schmalen goldenen Tresse auch goldenen Fransen besetzt werden möchten.

Das Geheime Kriegs-Rats-Kollegium bemerkt, dass überhaupt bei den Estandarten für die Kavallerie die Stickerei-Designs viel kleiner, wie bei den Infanterie-Fahnen ausfielen, eine Stickerei mit aufgenähten Bande, wie bei letzten stattfinde, nicht wohl aussehe, auch gegen eine Stickerei mit bloßer Seide wegen der vielen Mühe bei ersterer in einem kleinen Design keinen Vorteil im Preise gewähre, und füget eine Probe von dergleichen Stickerei mit bei.

Die Garde du Corps dürfte die Auszeichnung ganz reicher Estandarten, wie sie zeither gehabt, wohl zu gönnen, die Riemen aber, mehrerer Dauer auch einiger Ersparnis wegen, statt von blauen Samt von feinen blauen Tuch mit Tressen, jedoch ohne goldene Fransen besetzt, zu fertigen sein.

Die Anschaffung 4 ganz reicher Estandarten für die Garde du Corps würden nach der ohngefähren Berechnung sub ☽

647 Taler 23 Groschen – Pfennige inkl. Stangen und Riemen mithin jede 161 Taler 23 Groschen 9 Pfennige kosten.

Es mache keinen Unterschied im Preis, ob die Bordüre nach der Zeichnung sub A oder sub R bestimmt würde.

Sollten ganz reiche Estandarten nicht, sondern Estandarten worauf nur der Namenszug und Krone, auch Wappen und Orden reich, die Bordüre aber nur mit Seide gestickt, und mit seidenen Fransen der Riemen aber mit Tressen besetzt werden, stattfinden, so würden die Anschaffungskosten 163 Taler 16 Groschen – Pfennige weniger, mithin überhaupt nur

484 Taler 7 Groschen – Pfennige, für jedes Stück also 121 Taler 1 Groschen 9 Pfennige betragen.

Zu den Estandarten

für die 7 Kavallerie Regimenter welche zeither reich gestickte Estandarten und zwar bei den Leib Eskadrons von weißen, bei den übrigen Eskadrons aber von couleurten Damast geführt, werden mehrere Zeichnungen in drei Blatt sub B $^{1/}$ B $^{2/}$ und B $^{3/}$ überreicht, wobei der General Inspekteur der Kavallerie nicht erinnert, sondern nur bemerkt habe, dass, da bisher die Estandarten reich mit Gold und Silber gestickt, und mit dergleichen Fransen versehen gewesen, in gegenwärtigen Zeichnungen aber nur in der Bordüre sun lit. G für die Leib Kürassiers Garde etwas Gold Stickerei angebracht worden, eine Ausnahme aber, wegen des Eindrucks, den es bei den übrigen Regimentern machen würde, wohl nicht tunlich sein.

Das Geheime Kriegs-Rats-Kollegium ist des Dafürhaltens , dass die Estandarten der Kavallerie-Regimenter, mit Namenszug, Krone, Wappen und Orden, wie bei der Garde du Corps nach der Zeichnung sub A zu versehen, übrigens aber die Bordüren und Fransen an selbigen von bloßer Seide zu fertigen, und der Estandarten-Riemen mit Tressen zu besetzen, und dann folgendes zu bestimmen sein dürfte:

a) ob, da die couleurten Moire oder Damaste sehr teuer und nicht alle Farben dauerhaft wären, alle Estandarten auf weißen Moire und die 4 Eskadrons jeden

Regiments, wie bei der Garde du Corps durch ein taffetnes resp. weißes, rotes, gelbes, blaues Zeichen distinguiert? oder

b) nur die Leib-Eskadron-Estandarten weiß, die übrigen aber nach der Doublüre des Regiments? oder

c) die Leib-Eskadron-Estandarten weiß, die übrigen aber durchgängig von roten Moire oder Damast mit einem weißen Moire-Streifen, auf welchen die Bordüre des Regiments gestickt werde, eingefasst werden sollen?

d) welche von den in den Zeichnungen sub B $^{1/}$ B $^{2/}$ und B $^{3/}$ vorgeschlagenen Bordüren /: auf die Bordüre für das Husaren-Regiment habe der Zeichner irrigerweise Rücksicht genommen :/ zu bestimmen sein möchte?

e) ob die Leib Kürassier Garde eine Distinktion in den Estandarten haben soll?

f) ob der Namenszug, Krone, Wappen und Orden von bloßer Seide, oder exkl. der Bordüre reich von Gold oder resp. von Silber /: bei Kochtitzky Kürassiers :/ zu sticken sei?

Die Kosten würden für 28 Estandarten bei sämtlichen 7 Regimentern ohngefähr betragen:

Wenn sie ohne alles Gold und Silber durchaus von bloßer Seide gestickt würden, inkl. Stange mit Tressen besetzten Estandart-Riemen und allem Zubehör

3168 Taler 9 Groschen – Pfennige   à 113 Taler 3 Groschen 9 Pfennige

Wenn der Estandarten-Riemen nicht mit Tressen, sondern nur mit seidenen Borten eingefasst würde

2935 Taler 1 Groschen – Pfennige   à 104 Taler 19 Groschen 9 Pfennige

Wenn aber der Namenszug, Krone, Wappen, Orden reich, das Übrige aber mit Seide gestickt, mit seidenen Fransen und der Riemen mit Tressen besetzt würde

3390 Taler 1 Groschen – Pfennige   à 121 Taler 1 Groschen 9 Pfennige

Der Aufschlag hätte zwar nicht ganz zuverlässig, teils wegen des sehr schwankenden Preises der bunten seidenen Zeuge, teils wegen der großen Schwierigkeiten für die Stickerin vor der Fertigung ein oder zweier Estandarten die erforderliche Zutat zu wissen, gefertiget werden können; jedoch dürfte mit den angesetzten Preisen wohl auszukommen sein.

Nota.

Im Jahre 1754 kam eine neue Standarte für die Kürassier Regimenter 123 Taler 5 Groschen 6 Pfennige zu stehen.

Das Karabiniers Regiment erhielt, weil selbiges die Dienste in Polen als Leib Garde verrichtete, zur Distinktion seine Estandarten etwas reicher an Golde, und jede kostete dahero 72 Taler 15 Groschen – Pfennige mehr als jene, mithin 195 Taler 20 Groschen 6 Pfennige.

…

Ohngefähre Berechnung ☽

des Kosten Betrages zu Anschaffung neuer Estandarten für Garde du Corps und VII Kavallerie-Regimenter

Für die Garde du Corps

647 Taler 23 Gr. -			zu 4 Estandarten durchaus reich zu sticken und mit goldenen Fransen zu besetzen inkl. Stange und Zubehör auch mit Tressen besetzten Estandart-Riemen à 161 Tlr. 23 Gr. 9 Pf. par Eskadron als:
8 Tlr.	18 Gr.	- Pf.	3 ½ Ellen weißer Moire oder Damast zur Estandarte
1	3	9	1 ½ Elle Taffet zum Eskadrons-Zeichen
90	-	-	der Stickerin, die Estandarte durchaus in Gold zu sticken inkl. der goldenen Fransen zur Besetzung
38	12	-	für Standartstange mit reicher Schnur und Quaste
23	12	-	für Estandart-Riemen mit Tresse, Futteral und Anschlagen
484 Taler 7 Gr. -			zu 4 Estandarten, den Allerhöchsten Namenszug, Krone, Wappen, Ordens reich, die Bordüre aber in Seide, die Fransen zur Besetzung in Seide, der Estandarten-Riemen mit Tressen besetzt, die Estandarten-Stange mit seidener Schnur und Quaste à 121 Tlr. 1 Gr. 9 Pf und zwar:
33 Tlr.	11 Gr.	9 Pf	Moire, Taffet, Estandart-Riemen etc. pp. wie oben
50	-	-	die Stickerin inkl. seidener Fransenbesetzung
37	14	-	Estandart-Stange mit seidener Schnur und Quaste

Für die VII Kavallerie-Regimenter

3168 Tlr. 9 Gr. -			für 28 Estandarten, durchgängig mit Seide zu sticken, seidenen Fransen, und bloß goldener Tressenbesetzung des Estandart-Riemens, nebst allen übrigen Zubehör à 113 Tlr. 3 Gr. 9 Pf. als:
8 Tlr.	18 Gr.	-	3 ½ Elle Damast oder Moire
1	3	9	zum etwa nötigen Taffetenen Eskadrons-Zeichen
42	2	-	der Stickerin inkl. Fransenbesetzung
37	14	-	Estandart-Stange mit seidener Schnur und Quaste
23	14	-	Estandarten-Riemen wie bei der Garde du Corps
2935 Tlr. 1 Gr. -			für 28 Estandarten, durchgängig wie oben bemerkt mit Seide zu sticken, und den Estandart-Riemen mit seidenen Borten zu besetzen à 104 Tlr. 19 Gr. 9 Pf. als:
80 Tlr.	13 Gr.	9 Pf.	für Moiré, Taffet, Stickerin, Estandart-Stange wie oben
15	6	-	der Estandart-Riemen mit seidenen Borten besetzt, Futteral, Anschlagen
3390 Tlr. 1 Gr. -			für 28 Estandarten, den Allerhöchsten Namenszug, Krone, Wappen, Orden reich, die Bordüre mit Seide zusticken, die Estandart mit seidenen Fransen, den Estandart-Riemen mit Tressen zu besetzen à 121 Tlr. 1 Gr. 9 Pf. wie vorstehend bei der Garde du Corps.

Dresden, am 18ten April 1808

Anlage 03   **Ihro Königl. Majestät Allergnädigste Vorschrift**

Nach welcher die neuen Estandarten und Fahnen für die Garde du Corps , Leib-Grenadier-Garde, ingleichen die Feld-Regimenter Kavallerie und Infanterie gefertigt werden sollen, nebst beigefügten Zeichnungen und Probe-Stickerei, nämlich

A) Die Estandarten

1) Bei der Garde du Corps

Für sämtliche 4 Eskadrons von weißen Moire, auf der einen Seite in der Mitte mit der Königl. Krone und dem Wappen, nebst daran hängenden beiden Sächsischen Orden, nach der Zeichnung sub C mit dem Mantel, auf der andern Seite aber mit der Königl. Krone und dem Namenszug F A R nach der gestickten Probe sub A und der Bordüre auf weißen Grund nach den bei den gestickten Proben sub C für die Garde du Corps angegebenen Design, alles reich gestickt ferner mit goldenen und blau seidenen Fransen eingefasst und mit dergleichen Schnuren mit 2 Quasten oben befestigt. Zu Unterscheidung der 4 Eskadrons aber oben resp. mit weißen, roten, blauen und gelben, eine Elle langen Taffet-Streifen, durch eine Bandschleife von der nämlichen Farbe befestigt, versehen.

Die Estandarten-Riemen werden mit feinen blauen Tuch überzogen und auf beiden Seiten bloß mit einer goldenen Tresse, nicht mit Fransen besetzt.

2) bei den 7 Feld-Regimentern und zwar

a) Bei dem Karabinier-Regiment und der Leib-Kürassier-Garde

Ebenfalls für sämtliche Eskadrons von weißen Moire, auf der einen Seite Krone und Wappen mit dem Mantel nach der Zeichnung sub C, auf der andern Seite Krone und Namenszug F A R nach der gestickten Probe sub A und, in der für beide Regimenter in den gestickten Proben sub C vorgeschlagenen Bordüre, die gelben Streifen reiche die Verzierung der Bordüre selbst aber in Seide gestickt.

b) bei dem Regiment von Kochtitzki Kürassiers

Für sämtliche Eskadrons ebenfalls von weisen Moire.

c) Bei den 4 Chevauxlegers Regimentern zwar für die 1ste Eskadron jeden Regiments von weißen für die sämtlichen übrigen Eskadrons aber von roten Moiré, bei den sub b) und c) erwähnten 5 Regimentern Krone und Wappen ohne Mantel nach der Zeichnung sub A, auf der einen Seite und Krone und Namenszug F A R nach der gestickten Probe sub A auf der andern Seite ebenfalls reich, die Bordüre aber durchgängig auf weißen Grund, nach den Proben sub C in Seide gestickt, auch bei sämtlichen 7 Feld-Regimentern mit karmoisin und weiß seidenen Fransen eingefasst, an der Stange mit dergleichen Schnuren und Quasten und zur Unterscheidung der 4 Eskadrons jeden Regiments mit Taffet-Streifen, wie bei der Garde du Corps versehen.

Die Estandarten-Riemen werden durchgängig mit Tuch resp. nach der Farbe der Regiments-Doublüre mit Tuch überzogen und mit Tressen besetzt.

…

Dresden am 8n Juli 1808   Friedrich August

                    von Cerrini   C F B Pietsch

Anlage 04 Befehl des Königs an die Divisions-Generals der Kavallerie und Infanterie vom 19.07.1811 zur Ausgabe der neuen Fahnen und Standarten

„Nachdem Ihro Königl. Majestät von Sachsen die für Dero Armee verfertigten neuen Estandarten und Fahnen an die Regimenter der Cavalerie und Infanterie hinausgeben zu laßen, resolvirt und die Anordnung getroffen haben, daß denen in Cantonnirung stehenden Regimentern solche dahin zugesendet, die übrigen Regimenter aber, in ihren Standtquartieren damit versehen werden sollen; So befehlen Höchstdieselben den Divisions Generals der Cavalerie und Infanterie, General Lieutenants von Lecoq, Freiherrn von Gutschmidt und von Zeschau hierdurch gnädigst, wegen solcher neuen Estandarten und Fahnen, auch daß die Regimenter insgesamt nach Vorschrift des Dienst-Reglements darauf verpflichtet werden, die weiter erforderliche Anordnung und Verfügung zu treffen.   Geben unter Ihrer Königl. Majestät Höchsteigenhändigen Unterschrift zu Pillnitz, am 19^{en} July 1811"

―――

Anlage 05 Verpflichtungsprotokoll für das Regiment Prinz Johann zu den neuen Fahnen vom 03.08.1811

Stabs-Kantonierungs-Quartier   Pegau den 3ten August 1811

Nachdem unsres allergnädigsten Königs Majestät dem Regimente Prinz Johann chevaux legers sowie der gesamten Kavallerie neue Fahnen zu erteilen geruhet, der Herr Obriste von Kleist aber solche durch ein Kommando unter dem Herrn Sousleutnant von Globig von Dresden abholen lassen, und den heutigen Tag als Sr. Majestät Namenstag zur Verpflichtung des Regiments anbequemt hatten: so kam das ganze Regiment, außer den Beurlaubten, Kommandierten, Kranken und Arrestanten, anheut vormittags 9 Uhr auf dem hiesigen Exerzierplatze zusammen. Es wurden zuvörderst die neuen Fahnen in des Herrn Obersten Quartier von hochgedachten Herrn Obersten, den Herrn Majors von Rothenburg und von Lindemann, und zwar letzterer anstatt und im Namen des in Karlsbad beurlaubten Herrn Obristleutnant von Lehmann, ferner vom Herrn Hauptmann von Kyaw, dem Herrn aggregierten Capitaine von Gablenz, als ältesten Premierleutnant, von mir, dem Auditeur, vom ältesten Herrn Sousleutnant von Plötz, desgleichen vom ältesten Wachtmeister Liebe, dem Fahnjunker Schröter, dem Korporal Kotch, und dem Dragoner Richter, in Gegenwart mehrerer Herren Offiziers, Unteroffiziers und Gemeinen, angeschlagen, so dann diese 4 Fahnen auf den Exerzierplatz gebracht und nach geschlossenen Kreis der Verpflichtungs-Akt vom Herrn Obristen mit einer kurzen Rede eröffnet, darauf aber von Subscripto folgende Rede gehalten:

Hochgebietender, Höchst und Hochzuverehrende Herren, teuerste Freunde!

Soweit die Geschichte reicht, haben von jeher die Kriegsherrn mit dem Sinnbild ihrer Nationen oder dem Wappen ihrer Beherrscher versehene Tücher oder so genannte Paniere und Fahnen geführt, und unter deren Vortragung den Feind des Vaterlandes bekämpft. Dadurch sollte der Soldat in Ordnung vereinigt, lebhaft an seine Pflichten erinnert, und zur Verachtung der Gefahren und des Todes mehr entflammt werden. Diesem löblichen Gebrauch zu Folge hat auch gegenwärtiges vortreffliche Regiment vor nunmehr 69 Jahren von dem höchstseligen Könige von Polen 4 Fahnen erhalten, und dem Endzweck derselben durch unverbrüchliche Treue und rühmliche Tapferkeit immerwährend entsprochen, sich auch deren keine durch Feindes Gewalt entreißen lassen. Da aber diese alten ehrwürdigen Fahnen durch den langen und gefahrvollen Gebrauch endlich zu ihrer Bestimmung ganz untüchtig worden sind; so hat unseres allergnädigsten Königs Majestät dem Regimente sowie der gesamten Kavallerie anitzo neue, mit dem Königl. Sächsischen Wappen gezierte Fahnen anzuvertrauen geruht, damit sie künftig ebenfalls die stummen Träger ihrer Pflichterfüllung und ihrer ruhmvollen Taten sein sollten. Und das bisherige Verhalten des Regiments, womit sich dasselbe sowohl vormals in jenen ehrendlichen Schlachten bei Striegau und bei Kesselsdorf als vornehmlich in den neuen Zeiten bei Schleiz, bei Jena, bei Wagram, und bei Stampffen, so ehrenvoll hervorgetan, und selbst den Beifall des größten Helden aller Zeiten erworben hat, leistet die sicherste Bürgschaft, dass die Absicht dieser neuen Fahnen in Zukunft ebenso vollkommen werde erreicht werden.

Heute ist der feierliche Tag, der zweifach feierliche Tag, der hohe Namenstag unseres allgeliebten Königs, an dem Sie Treueste zu diesen heiligen Fahnen schwören und vor dem Herrn der ganzen Welt das große Gelübde erneuern, Ihrem Könige treu zu dienen und für Ihn und das Vaterland ihre Kräfte, ja, wenn es erfordert wird, ihr Blut und Leben aufzuopfern. Wer wollte auch solches nicht mit Freuden für einen Fürsten tun, der das Muster der Treue und Redlichkeit gegen Gott und Menschen ist, und dessen Weisheit und Rechtschaffenheit sogar von dem großen Napoleon, ja von ganz Europa, geschätzt wird. Unvergesslich bleibe Ihnen dieser Tag, und ferne sei Jedem jetzt und zu allen Zeiten der Gedanke an Untreue und Meineid! Nicht sowohl harte Strafen, nicht der Verlust ihres Vermögens, nicht aller Unglück und Elend, das dem meineidigen Gottlästerer, den Verbrecher droht, müsse Sie von Verletzung Ihrer Pflicht abschrecken, als vielmehr der Verlust Ihrer, selbst dem Leben vorzuziehenden, Ehre, der Verlust eines reinen Gewissens, die Ungnade Ihres Gottes, und Ihres hochachtungs- und liebenswürdigsten Königs. Es ist wahr, es ist unstrittig wahr, schwer und groß ist Ihre Pflicht, aber groß ist auch der Lohn; denn, so gewiss als Sie Ihres, nunmehr bald so feierlich zu leistenden Eides eingedenk bleiben und erfahrener Bestimmung stets, wie bisher, nachzukommen bemüht sein werden, so gewiss erwartet Sie ausgezeichnete Ehre und Ruhm, und ebenso zuverlässig dürfen Sie auch hoffen, der Allmächtige, von dem allein Glück und Sieg kommt, werde Sie in allen Gefahren schützen, Ihnen die glänzendsten Siege über Ihre Feinde verleihen, und Ihnen nicht nur in dieser Welt jedes wahre Gut gewähren, sondern Sie auch in jener fertigen Unsterblichkeit mit unvergänglicher Ehre und unnennbarer Herrlichkeit belohnen.

Nach hierauf verlesenem Artikulusbriefe hat das Regiment nachstehenden Eid:

Ich gelobe und schwöre zu Gott dem Allmächtigen im Himmel und auf Erden einen körperlichen Eid, dass ich Sr. Königl. Majestät von Sachsen, meinem Allergnädigsten Herrn, in Dero Kriegsdiensten, es sei bei welcher Gelegenheit und an welchem Orte, es immer wolle, bei diesem Regimente Prinz Johann unter den gegenwärtigen neuen Fahnen treu, fest und standhaft halten und dienen, und davon durchaus nicht abtreten will; So dann verpflichte ich mich, dem Artikulusbriefe in allem unverbrüchlich nachzukommen, oder der darinnen enthaltenen Strafen gewärtig zu sein. Und dieses will ich tun, so wahr Gott helfe und sein heiliges Wort durch Jesum Christum!

welchen ein Jeder vom Herrn Obersten an mit Erhebung der beiden vorderen Finger rechter Hand und mit lauter Stimme nachsprach, abgelegt und Unterzeichneter die Handlung mit diesen Worten:

Nun, der Herr der Heerscharen, kröne stets mit Glück und Sieg die Königl. Sächsischen Waffen, insbesonderheit gegenwärtiges vortreffliche Regiment so, wie die ganze Armee, zum Heil und Ruhm des Vaterlandes!

der Herr Obrist hingegen mit einem des Königs Majestät zu Ehre angestimmten Vivat beschlossen.

Worüber denn um künftiger Nachricht Willen diese Registratur gefertigt worden ist. Actum utj.

Friedrich Ludwig v.Riedenau
Auditeur

Anlage 06   **Nachverpflichtungsprokoll von Mannschaften der 2.Eskadron des Regiments Prinz Johann durch einen requirierten Notar.**

Standquartier Düben den 7ten Dec. 1811

Nachdem von Sr. Hochwohlgebr. dem hiesigen Herrn Eskadrons-Kommandanten, Herrn Oberstleutnant Carl Adolph Wilhelm v.Lehmann, beim löbl. Regiment Prinz Johann Chev.leg. ich Endesbenannter Königl. Sächs. Auditeur von der Armee und verpflichteter öffentlicher Notarius, erfordert worden, nächst dem Herrn Prem.Leut. Alexander Heinrich Ludwig v.Nostitz-Drezewickji, die in beiliegenden Verzeichnis unter A und B benannten 32 Dragoner zu den dem besagten löbl. Regiment allergnädigst erteilten neuen Fahnen zu verpflichten. So habe ich mich des heutigen Tages des Vormittages um 11 Uhr in Hochgedachten Herrn Oberstleutnants v.Lehmann Quartier verfügt und nachdem bei von mir geschehener Ablesung eines jeden Namens, sämtliche in gedachten Verzeichnissen benannte Mannschaft anwesend befunden wurden; so hat selbige, nach vorher an sie von mir erlasser kurzen Bemerkung von der Ursache und Wichtigkeit ihres gegenwärtigen Erscheinens und von ihr abzulegenden Eides, auch hierauf zuvor erfolgter Vorlesung und Erklärung der Kriegsartikel, nachstehenden

Eid

Ich schwöre hiermit zu Gott dem Allmächtigen und Allwissenden, mit Mund und Herz, diesen wahren treuen leiblichen Eid, dass ich Ihro Königl. Majestät von Sachsen, Herrn Friedrich August, meinen aller allergnädigsten König und Herrn, in allerhöchstdero Kriegsdiensten, es sei, bei was für Gelegenheit und an welchem Orte es immer wolle, bei und unter diesen neuen Fahnen, treu, fest und standhaft halten und dienen und davon nicht abtreten will. Sodann verpflichte ich mich, den Artikulusbrief, wie mir solcher ist vorgelesen und erklärt worden, in allem unverbrüchlich nachzukommen, oder der darinnen enthaltenen Strafe gewärtig zu sein.

Und dieses alles will ich tun, so wahr mir Gott helfe und sein heiliges Wort, durch Jesum Christum. Amen!

unter den gewöhnlichen Feierlichkeiten, Beisein deren hier mit unterschriebenen resp. Herrn A..., zu der in ihre Mitte gestellten neuen Fahne wirklich geleistet.

So geschehen wie oben.

Karl Gottlieb Richter

Auditeur von der Armee und in Königl. Sächs. Landen verpflichteter öffentlicher zu dieser Handlung requirierter Notar
Alexander von Nostitz – Prem.leut.
Johann Carl Gottlob Leuthold – Fahnjunker
Christian Gottlob Kruth – Korporal

Anlage 07   **Der Allerhöchste Befehl an den Generalleutnant von Lecoq zur Abgabe der Standarten des Regiments Prinz Clemens Chevauxlegers an das Hauptzeughaus vom 07.03.1812**

Ihro Königl. Majestät von Sachsen genehmigen, auf des commandirenden General Lieutenant von Lecoq unterthänigsten Vortrag vom 3^n dieses Monats, daß die Estandarten des Chevaux legers Regiment Prinz Clemens, voritzt in das Hauptzeughaus zurückgesendet und die Mannschaften dieses Regiments, einstweilen und solange die Estandarten von selbigen abwesend sind, auf den Säbel verpflichtet werden mögen.

Höchst Dieselben befehlen dem nachbemeldeten General Lieutenant hiermit gnädigst, er wolle das deshalb Nöthige, behörig anordnen und wegen der Rückgabe und des Transports der Estandarten anhero in das Haupt-Zeughaus, sich mit dem Chef des Generalstabes Staabs General Major von Gersdorff vernehmen.

Geben unter Höchst Ihro eigenhändiger Unterschrift zu Dresden, am7n Maerz 1812

                           von Cerrini
                             Pietsch

Noch am selben Tag an das General Stabs Bureau
zur weiteren Beförderung abgesendet

Anlage 08   **Auszug aus dem Rapport des Obersten von Lessing, Kommandeur des Regiments Prinz Albrecht, an den General von Lecoq vom 03.06.1812**

Den **9ten Mai** brach das Regiment aus dem Kantonnement bei Mosjin auf und bezog ein Kantonnement bei Kostin, allwo es bis zum 22ten verblieb.

Den **16ten Mai** passierte der Herr General Grouchy die Revue der Brigade Dommanget und gab dem Regiment nach Beendigung derselben seine Zufriedenheit zu erkennen.

Den **18ten Mai** erhielt ich die Ordre die Fahnen durch ein Kommando nach Glogau zu senden, allwo sie an den Herrn Gouverneur Grafen Seras gegen Empfangsschein übergeben wurden.

Den **22ten Mai** setze sich das Regiment in Marsch und ging bis Dolzig,

In dieser Reihe sind bei BOD bisher erschienen:

No. 2	Die Berichte der sächs. Truppen aus dem Feldzug 1806 (I): Brigade Bevilaqua
No. 5	Das Artillerie-Trainbataillon 1810 – 1813
No. 6	Das Regiment Artillerie zu Fuß, die reitende Artillerie-Brigade und die Handwerker-Kompanie 1810 - 1813
No. 8	Die Geschichte der reitenden Artillerie 1810 - 1813
No.11	Allgemeine Dienstregeln für die Unterofficiers der Churfürstlich Sächsischen Infanterie vom Jahre 1802
No.13	Das sächsische Ingenieur- und Pionierkorps 1810 – 1813
No.17	Unterricht für die Scharfschützen bey der Churfürstlich sächsischen Infanterie vom Jahre 1804 (Reglement)
No.18	Reglement für die Königlich Sächsische leichte Infanterie zu den Uebungen außer der geschlossenen Ordnung vom Jahre 1810
No.19	1812 Die Sachsen in Rußland / Der Feldzug in den Tagesbefehlen des Generalstabes und der Intendanz – Ein Beitrag zur inneren Truppengeschichte
No.20	Die leichten Infanterie-Regimenter, die Regimentsschützen und das Jägerkorps 1810 - 1813
No.21	Das Tagebuch von Ernst Ferdinand Aster aus dem Jahre 1812
No.22	Das Tagebuch von Friedrich Ernst Aster aus dem Jahre 1812
No.23	1813 Die Sachsen im eigenen Land / Der Feldzug der sächsischen Truppen im VII. Armeekorps in den Befehlen und Rapporten des Generalstabes und der Intendanz – Ein Beitrag zur inneren Truppengeschichte
No.24	Instruktionen für die königlich sächsische Armee 1810 – 1813 Teil I
No.25	Instruktionen für die königlich sächsische Armee 1810 – 1813 Teil II
No.26	Friedrich Vollborn – Erlebtes (III) vom 28.03.1813 bis mit 15.03.1814
No.27	Die Linien-Regimenter und Grenadier-Bataillone 1810 - 1813
No.28	Die Fahnen der Linien-Infanterie-Regimenter 1810 – 1813
No.29	Die Linien- und leichte Infanterie 1814 – 1815 und Ergänzungen 1810 -1813
No.30	Die Landwehr-Regimenter 1813 - 1815
No.31	Instruktionen für die königlich sächsische Armee 1810 – 1815 Teil III
No.33	Die Fahnen der Linien-Infanterie-Regimenter 1802 – 1810
No.34	Friedrich Vollborn – Erlebtes (IV) vom 16.03.1814 bis mit 02.01.1816
No.37	Tagebücher Dallwitz (1812-1815 und Göphardt (1813)
No.38	Reglements für die Artillerie von 1767 und 1777
No.39	Die Standarten 1807/11 - 1815
No.40	Friedrich Vollborn – Erlebtes (I+II) vom 16.04.1808 bis mit 27.03.1813
No.41	F.G.Probsthayn – Tagebuch 14.05.1813 bis 29.09.1814
No.42	Die Cheveauxlegers – Schriftstücke zum Feldzug von 1812
No.43	A.F.W.v.Leysser – Erinnerungen des Kommandeurs der Garde du Corps 1812